公社会に役立つ
人間を育てる
【菊池道場流】

道徳教育

菊池省三◉菊池道場

中村堂

はじめに

私は、2017年4月に菊池道場の仲間と共に『言葉で人間を育てる 菊池道場流『成長の授業』（中村堂）』という本をまとめました。「菊池実践」の中心的な11の指導を紹介しながら、それらは「成長」というキーワードでつながった実践群であり、「めざすところは公社会に役立つ人間を育てるということである」との考えをまとめた本でした。

その「成長の授業」の本を読まれた方から、「菊池先生の実践は、道徳教育そのものですね」と感想をいただいたことがあります。ほめ言葉のシャワーや成長ノートの実践は、子どもを成長に導くものであり、道徳教育がめざす「自己の生き方を考え、主体的な判断の下に行動し、自立した人間として他者と共によりよく生きるための基盤となる道徳性を養うこと」という目標と重なることから考えると、「菊池実践」の全体像は、「道徳教育」そのものであるという言い方もできるかもしれません。

道徳の教科化が答申された平成26年10月21日付の文部科学省の中央教育審議会の文書の冒頭の、「教育基本法においては、教育の目的として、人格の完成を目指すことが示されている。人格の基盤となるのが道徳性であり、その道徳性を育てることが道徳教育の使命である」との記述に共感しています。

いよいよ、2018年度（平成30年度）から「特別の教科　道徳」がスタートします。教科化されることにより、検定教科書が配布されることになります。私は、道徳の授業が、その内容を教えるだけのものになってしまわないかという懸念をもっています。幸い、先の答申文書には教科書についても、「検定教科書が供給されることとなった後も、道徳教育の特性に鑑みれば、教科書の内容を一方的に教え込むような指導が不適切であることは言うまでもない。（中略）道徳教育の特性に鑑み、教科書だけでなく、多様な教材が活用されることが重要であり（以下略）」と明確に示されています。

教師自身の人格の反映としての道徳教育を実現し、子どもたちの道徳性を育てていくことが必要です。

私は、道徳の時間は、「スリルとサスペンス」に満ちた授業をめざしていました。子どもが頭を熱くして、一生懸命考える時間にしたかったのです。そんな授業を経験したある女の子が、「好きな教科は？」との問いに、「道徳」と答えていたことを思い出します。

「考え、議論する道徳」が始まります。「時は来た」との思いで、仲間と考え、実践してきたことをこの本で紹介いたします。

菊池道場　道場長　菊池省三

公社会に役立つ人間を育てる　菊池道場流　道徳教育

もくじ

第5章 道徳授業の実際と方向性（教室の事実）

第1章

公社会に役立つ人間を育てる

菊池道場流　道徳教育

第1章

公社会に役立つ人間を育てる 菊池道場流 道徳教育

菊池道場　道場長　菊池省三

① 道徳教育の現状

２０１８年度（平成30年度）からスタートする「特別の教科　道徳」に関する「小学校学習指導要領解説　特別の教科　道徳編」（平成29年６月）の「第1章 総説　１　改訂の経緯」には、次のような記述があります。

> 歴史的経緯に影響され、いまだに道徳教育そのものを忌避しがちな風潮があること、他教科に比べて軽んじられていること、読み物の登場人物の心情理解のみに偏った形式的な指導が行われる例があることなど、多くの課題が指摘されている。道徳教育は、児童の人格の基盤となる道徳性を養う重要な役割があることに鑑みれば、これらの実態も真摯に受け止めつつ、その改善・充実に取り組んでいく必要がある。

私自身、小学校の教員が自主的に集まった勉強会の場で、それぞれの学校での道徳の授業の様子を聞いたことがあります。年間35時間の授業ができない実態、副読本や地域の教材をつまみ食いする系統性のないカリキュラム、登場人物の気持ちを問い、資料のめあてに子どもたちを半ば強引に誘導する授業など、「解説」の中に書かれている実態が少なくない教室に存在することが分かりました。その実態をよくぞ文部科学省は正直に記述したものだと感心さえしました。

② 徳目主義からの脱却

33年間続けた小学校教師の職を辞した私は、現在、全国の小学校を舞台の中心として、飛込授業をしたり、研修や講演をしたりする毎日を送っています。

1時間限りの飛込授業では、道徳の授業をすることが多くあります。

その際にこのように聞かれることがあります。

「徳目は何ですか」「使う資料は何ですか」

ほとんどは、学級や子どもの実態も分からないまま教室に飛び込んでいく状況です。もちろん、子どもたちの成長の一助となる時間にしようとの思いで臨みます。ただ、予め入念に準備をして（そのような時間的余裕は元々ありませんが）、その指導案通りの授業をしようという発想は私にはありません。目の前の子どもたちの様子を見ながら臨機応変に授業を進めざるを得ない環境なのです。

1年間担任をする教室の原理も基本的には同じだと思っています。

「決められた内容を教える道徳」「決めておいた内容を教える道徳」を想定されている学校や教師が多いなと実感する毎日です。

また、先日、ある小学校で見せていただいた2年生の道徳の授業では、副読本の中のある資料を使っていました。

《資料のあらすじ》

髪の毛を切りすぎて、はずかしいから学校に行きたくないと思っていたA君。

教室でなかなか帽子をとれないでいると、友達から教室では帽子をとるように言われ、結果、髪型を笑われてしまう。

傷ついたA君は、それから3日間学校を休んでしまう。

心配したB君がA君の家に行き、B君が帽子をとると、A君と同じ髪形になっていた。

その先生が、副読本の指導書に書かれているであろう「登場人物の温かい友情…」のとおりに授業をされていることは、容易に予想できました。2年生の段階ですから、「友情」という徳目を教えるということがあっていいのかもしれませんが、常識的に考えたら、「友情を大切にしたら、友達と同じ髪形に自分もするか？」と思います。

私は、その先生に「B君がとった行動が一番よかったか？」というテーマで話し合いをさせてもらえませんかと話しました。

文部科学省が編集した道徳教育用教材「私たちの道徳」や、市販されている副読本の中の資料とその解説に示されている指導案にしたがって進められる道徳の授業を見ることは少なくありません。

指導案には、「登場人物の思いや願いについて話し合う」という学習が例示されています。

「Aが○○したとき、Bはどのようなことを思ったか」

「Bはどのような思いや考えから、○○をしたり、○○をしたのか」

先に引用した「学習指導要領解説」の中の、「読み物の登場人物の心情理解のみに偏った形式的な指導」そのものです。

こうした授業によって子どもたちに道徳性を育んでいくことはできません。

これまでに、そうした授業を転換して子どもたちが実感を得られる道徳を目指そうと、様々な試みが行われ、道徳授業の研究も活発に進められてきました。私自身もそうした取り組みに主体的に関わった時期もあり、多いに学ばせていただきましたが、同時に限界を感じることとなりました。

道徳の授業の研究は、やはり「資料が先か、徳目が先か」といった授業の研究の域を出ることはなく、子どもの成長、子どもの変容に迫るものにはなり得なかったのです。

③ 成長の授業―11の実践

私は、子どもたちが学校にいる朝から帰りまでの全ての時間を成長のための時間だと考え、そのために行う取り組みの全てを「成長の授業」と名付けました。具体的には次のような実践を重ねてきました。

(1) **質問タイム** 毎朝行う取り組みです。ほめ言葉のシャワーの主人公に、テーマを決めて関連した質問を全員でします。クラスの友達のことを、お互いに深く理解し合うことを目指して行います。

(2) **黒板の5分の1** 授業中に黒板の左端を活用して行う取り組みです。身に付けさせたい学習規律や学び方などを、後で紹介する「価値語」として伝えます。黒板の5分の1を使うことによって、価値語を日常の授業の中で伝えていくことができます。

(3) **白い黒板** 学習や行事の振り返りやまとめをするときに、教師が示したテーマについて、子どもたちの意見や考えによって黒板を「白く」する活動です。全員参加の学びと集団の高まりを促します。

(4) **対話・話し合い** 少人数による対話・話し合いの授業です。自由な

(2) 黒板の５分の１

(3) 白い黒板

立ち歩きを保障して、黒板も子どもたちに開放します。教師が、子どもたちの視界から消えていきます。対話・話し合いを通して他者との関わりの中から起きる内側の変容重視の授業へと子どもたちの学びを変えていきます。

(5) **ディベート** 学級づくりの視点も取り入れた「学級ディベート」を年間指導の中に取り入れます。対話・話し合いがよりかみ合った質の高いものになります。道徳の授業の中では、ディベート的な話し合いが効果的です。

(6) **学力の基礎・基本** 読書、漢字、計算、音読、作文などの力を鍛えます。これらの力を圧倒的に育てます。

(7) **係活動(成長活動)** 当番活動とは違う、自分らしさを発揮しやすい係活動を大切にします。高学年では会社活動、低学年ではお店屋さん活動といった名称にします。

(8) **ほめ言葉のシャワー** 帰りの会で、主人公に全員がほめ言葉をシャワーのように浴びせます。お互いのよさを認め合う活動です。友達の同士の関係が強くなり、教室が自信と安心の場所になります。子

(5) デイベート

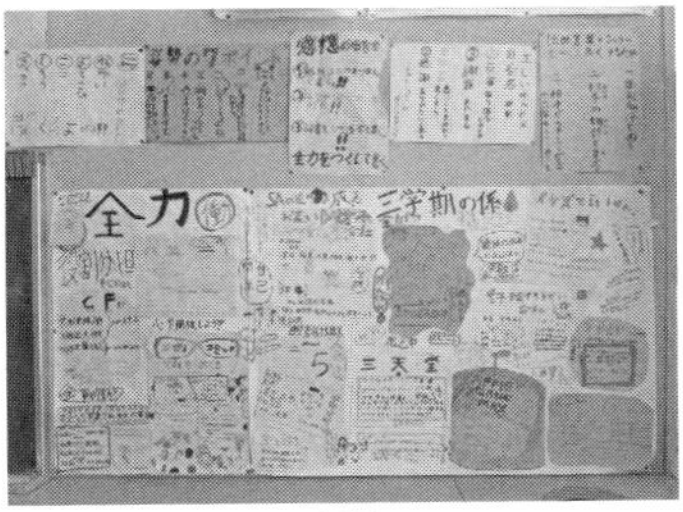

(7) 係活動(成長活動)

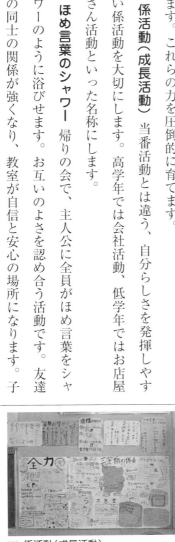

どもたちの関係性を上げ、対話・話し合いへとつなげます。

(9) **価値語指導** 子どもたちの考え方や行動をプラスに導く価値語を、積極的に「植林」していきます。価値語を獲得した子どもたちの生活態度は落ち着き、学級の人間関係がよくなり、学習に向かう構えができ、言葉への意識が高まっていきます。価値語は、生きた、実感をともなった「徳目」だと言えます。

(10) **成長ノート** 子どもを公社会に役立つ人間へと育てるためのノートです。教師がテーマを与え、赤ペンは、ほめて認めて励ますために入れます。教師である自分の人格がそのまま赤ペンのコメントとなって、子どもを感化していきます。教師が全力で子どもを人間として育てるためのノートです。

(11) **成長年表** 教師と子どもがつくる学級の成長の軌跡を年表の形で掲示します。非日常の活動が中心となります。短冊に「日付」と「行事名」と「その行事でめざすことの核となるキーワード」を書きます。学級の成長を視覚的にとらえることができます。

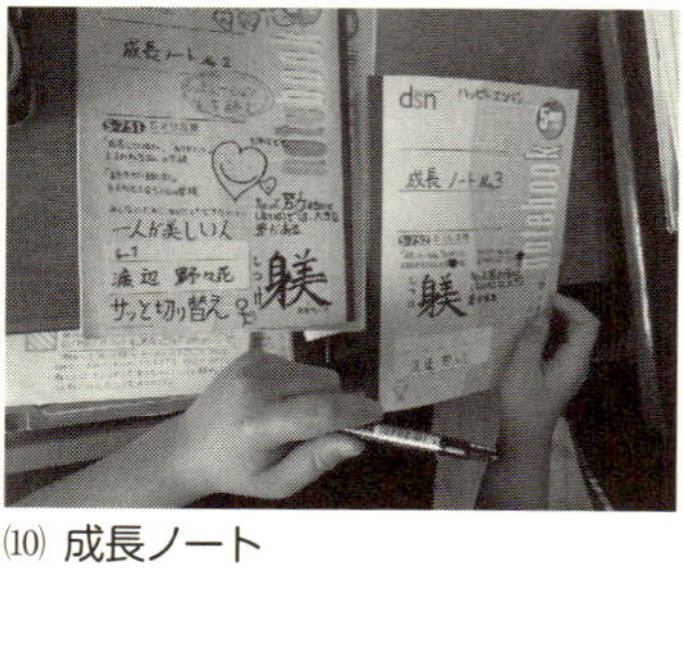
(10) 成長ノート

(11) 成長年表

以上の11の指導を相互に絡ませ合いながら、「成長の授業」としてその全体像を創り上げていきます。これによって、子どもたちの中に道徳性を力強く育成していくことができます。

④ 朝から帰りまでの1日全て、そして1年間通して道徳教育

このように私は、「成長の授業」が道徳教育そのものであり、一つ一つが道徳の授業であるという意識で子どもたちと向かい合ってきました。

道徳教育は、学級経営に直結します。子どもたち同士の関係性がよくならなければ、話し合いは成立しませんから、新しい学習指導要領でめざす「主体的、対話的で深い学び」に入っていくことはできません。

「考え、議論する道徳」が提案されています。方向性は正しいと思いますが、そのための土台が子どもたち一人ひとりの中に築かれているかどうかが、「考え、議論する道徳」を成立させるかどうかを決めることでしょう。

ご紹介した様々な指導を通して、コミュニケーション力を育てながら、子ども同士の関係性を温かく強いものにしていきます。互いの違いを認めながら、自分らしさを発揮し合う関係性をつくり上げていきます。そうした、長期的な成長の視点がない限り、「考え、議論する道徳」を成立させることはできません。うわべだけの話し合いの活動が少しばかり行われる授業をもって「考え、議

論する道徳」とは言えません。
私は、学級づくり、授業づくりの4つの視点をもって、1年間の指導を行います。

(1) 年度初めから、「子どもは絶対に成長する」と信じ、教師としての覚悟をもつ
(2) どういう学級にするか、はっきりとしたゴールイメージをもつ
(3) 1年間の見通しをもって指導する
(4) 指導は、子どもたちの様子を見ながら柔軟に修正し、改良していく

私は、新年度がスタートして教室で出会った子どもたちを前にしたとき、「この子たちは、将来、自分よりも、もっともっと立派に成長して、社会に貢献する人間になるのだろう。クラス全員がそうだ」と思います。そうした子どもたちの成長の可能性に対する尊敬が、教師にとって何よりも大切であり、そうした気持ちこそが、道徳性を育む根幹ではないかと考えているのです。

「授業がよい授業になればなるほど道徳性を帯びる」とも言われます。絶対解を求める授業であってもそれは言えます。理科で心臓の仕組みについて深く学ぶと、子どもたちは「命ってすごいね」という気持ちから、道徳の内容の一つである「生命の尊さ」を考え始めるようになります。絶対解から納得解へと学びが進んでいくことが、道徳性を土台とした学びであるとも、私は考えています。

⑤ ディベートで道徳の授業をより白熱させる

ディベートは、

(1) 根拠を伴った意見を述べ合う
(2) 互いの意見を質問し合って明確にし合う
(3) 相手の意見に対して反論を述べ合う
(4) 審判が客観的に判定を行う

という話し合いです。子どもたちは、ディベートを体験すると、かみ合った議論の楽しさを具体的な体験を通して実感します。単発的に意見を述べ合うだけの話し合いとは違い、新たな気付きや発見が生まれるという話し合いのもつ、本来の価値に気付いていきます。

ディベート指導は、話し合う力が伸びるだけではなく、その場の空気で動くものではないという健全な個を育て、そのような個が集まった望ましい集団へと学級を成長させていくことができるという、道徳性を高めていく効果があります。ディベートのルールが、「人と意見を区別する」「根拠を伴った意見を比較し合う」「反論し合うことで互いの主張を成長させ合う」といった社会に生きる人間として必要な考え続ける力を育てることができるからです。「市民教育」そのものです。

ディベートは、単なる学び方の一つの手法ではありません。ディベートは、知識重視の授業観ではなく、変容（価値判断の質の高まり）重視の授業観に支えられているのです。

私は、道徳の授業ではディベート的な方法、発問はとても有効だと考えています。

私は、資料の中の登場人物の行動について、子どもたちに次のように問います。

「○○のしたことは一番よい。○か×か」

あるいは、

「○○のしたことは、○か×か」

読み取ることのできない登場人物の気持ちを問うのではなく、こうした問いをすることで、事実をもとに自分ならどうするかという価値判断を高めていくことにつながるからです。

ディベートは、私の考える道徳の本質的ねらいである「行動選択能力の質を高める」ことに直接つながっていきます。さらに、健全な市民としての個を育てることにつながっていくのです。知識を一方的に教え込むのではない、主体的な学び手を育てる指導のあり方が求められています。

⑥　菊池道場流　道徳教育「行動選択能力の質を高める」

私は、阿部勤也先生（元一橋大学学長）の「『世間』とは何か」（講談社現代新書）を読む中で、「『世間』と『社会』との違い」について考えてきました。

佐賀大学の佐長健司先生からは直接学び、「民主主義とは何か」「社会科の社会というのはどういうことなのか」という骨太の大きなテーマについて教えていただきました。

そうした中で、「『群れ集団』ではない、『個が確立した集団』とは」ということについて学ぶことができました。

さらに、「一人ひとりが自立して公の社会をつくっていく」とか、「今後、社会に出ていくときの公に向かったそれにふさわしい考え方や態度を身に付けさせる」という、道徳につながっていく基本的な考え方を形成しました。

私は、子どもたちに次のような価値語を示してきました。「一人が美しい」「公の場で通用する人になろう」「出席者ではなく参加者になる」「一人をつくらない」などなど。「教室という社会の中で、個を確立して、皆と力を合わせてよりよいクラスをつくっていこう」という私の思いです。

そして、今、道徳教育のめざす方向の一つとして「行動選択能力の質を高める」ということを据えたいと考えています。様々な条件の中で難しい判断をする必要に迫られるこれからの時代に備え、選択能力を高め、価値判断の質を高めていくことが道徳教育のねらいであるということです。

考え続けることができる人間に育てることをめざしながら、日々の教室で11の実践を中心に取り組み、道徳の授業の中で行動選択のトレーニングをする、その積み重ねと学級経営とを連動させながら、「公社会に役立つ人間を育てる　菊池道場流　道徳教育」を進めていくのです。

⑦ 方法ではない道徳教育を創り上げよう

２０１５年（平成27）年８月26日付で、文部科学省の中央教育審議会教育課程部会教育課程企画特別部会は、２０３０年の社会を見据えた「論点整理」を発表しました。

その中では、これからの「『学校』の意義」や次期学習指導要領の改訂の課題などが整理されています。http://www.mext.go.jp/b_menu/shingi/chukyo/chukyo3/053/sonota/1361117.htm

「2.新しい学習指導要領等が目指す姿」に次のような記述があります。

（「アクティブ・ラーニング」の意義）

○ 昨年11月の諮問以降、学習指導要領等の改訂に関する議論において、こうした指導方法を焦点の一つとすることについては、注意すべき点も指摘されてきた。つまり、育成すべき資質・能力を総合的に育むという意義を踏まえた積極的な取組の重要性が指摘される一方で、指導法を一定の型にはめ、教育の質の改善のための取組が、狭い意味での授業の方法や技術の改善に終始するのではないかといった懸念などである。我が国の教育界は極めて真摯に教育技術の改善を模索する教員の意欲や姿勢に支えられていることは確かであるものの、これらの工夫や改善が、ともすると本来の目的を見失い、特定の学習や指導の「型」に拘泥する事態を招きかねないのではないかとの指摘を踏まえての危惧と考えられる。

（指導方法の不断の見直し）

○　変化を見通せないこれからの時代において、新しい社会の在り方を自ら創造することができる資質・能力を子供たちに育むためには、教員自身が習得・活用・探究といった学習過程全体を見渡し、個々の内容事項を指導することによって育まれる思考力、判断力、表現力等を自覚的に認識しながら、子供たちの変化等を踏まえつつ自ら指導方法を不断に見直し、改善していくことが求められる。

直接的には、アクティブ・ラーニングについて述べている箇所ですが、「特定の学習や指導の『型』に拘泥する事態」など、なかなか手厳しいものです。ただ、私は、日本の教育事情を正しく分析していると共感します。様々な教育技術や技法も、全ては子どもたちの成長のためのものであり、その技法の是非を争うようなことは本末転倒です。

私たち菊池道場も、常に研さんを続け、授業観、教育観を磨きながら、学校教育という枠に留まらない「人間を育てる道徳教育」に本気で取り組んでまいります。

本書の「はじめに」の中で触れた教育の目的を見失わず、「公社会に役立つ人間を育てる」ことを私たちの使命として、朝から帰りまでの道徳教育を進め、年35時間の道徳の授業を価値あるものとして創り上げていきましょう。

【資料】「特別の教科　道徳」までの歴史

1870年（明治3年）　文部省設立。

1874年（明治7年）　「学制」制定。小学校では「修身」、中学校では「修身科」で道徳教育をすると定める。

1890年（明治23年）　10月30日「教育勅語」発布。「修身」の基本となる。

1945年（昭和20年）　GHQの指令により「修身」停止。

1947年（昭和22年）　5月23日　学校教育法施行規則（文部省令第11号）の中の「小学校の教育課程」の中に「道徳」はない。

1948年（昭和23年）　国会で「教育勅語」失効決議。

1958年（昭和33年）　学習指導要領告示。教科以外の教育活動として「道徳」の時間が新設される。週34～35時間。道徳の内容、36項目。

1968年（昭和43年）　学習指導要領改訂。道徳の内容、32項目。

1977年（昭和52年）　学習指導要領改訂。道徳の内容、28項目。

1989年（平成元年）　学習指導要領改訂。道徳の内容、22項目。

1998年（平成10年）　学習指導要領改訂。道徳の内容、22項目。

2006年（平成18年）　教育基本法に愛国心を規定。

2008年（平成20年）　学習指導要領改訂。道徳の内容、22項目。

※「道徳の時間を要として学校の教育活動全体を通じて行う道徳教育」が明記される。

2018年（平成30年）　「特別の教科　道徳」スタート。道徳の内容、22項目。

第2章

公社会に役立つ人間を育てる

菊池道場流　道徳教育

ポイント10

第2章

公社会に役立つ人間を育てる　菊池道場流　道徳教育【ポイント10】

1　3月のゴールをめざし、見通しをもとう！

加倉井英紀（菊池道場福島支部）

①　菊池道場流　道徳教育

2018年度（平成30年度）からスタートする「特別の教科　道徳」の目標について、「新学習指導要領　第一章　総則」の中で次のように示されています。

> 道徳教育は、（中略）自己の生き方を考え、主体的な判断の下に行動し、自立した人間として他者と共によりよく生きるための基盤となる道徳性を養うことを目標とする。

菊池道場では、「他者と共によりよく生きる」ことを「公社会に役立つ人間を育てる」と捉え、道徳教育を通して「公社会に役立つ人間を育てていくこと」を学校教育の重要な役割の一つと考えています。そして、そのことこそが「菊池道場流　道徳指導」の核となるものです。

公社会に役立つ人間を育てていくためには、教師も子どももしっかりとした見通しをもつ必要があります。そもそも、道徳性を育むことは即効性を求めるものではなく、道徳の授業を要として全ての教育活動で、意図的・計画的に積み重ねていくものです。

その中で大切にしたいことは、「できた・できない、分かった・分からない、知っている・知らない、といった知識重視の教育観」から脱却し、「昨日の自分より今日の自分の成長の変化、気持ちの動きなど不可視の部分の変容を重視する教育観」を教師自身がもつようになることです。変容重視の教育観のもと、3月末のめざす子ども像に向かって意図的・計画的な指導によって、公社会に役立つ、自立した人間へと成長させていくのです。

菊池省三が考える「授業観」試案② ver.1

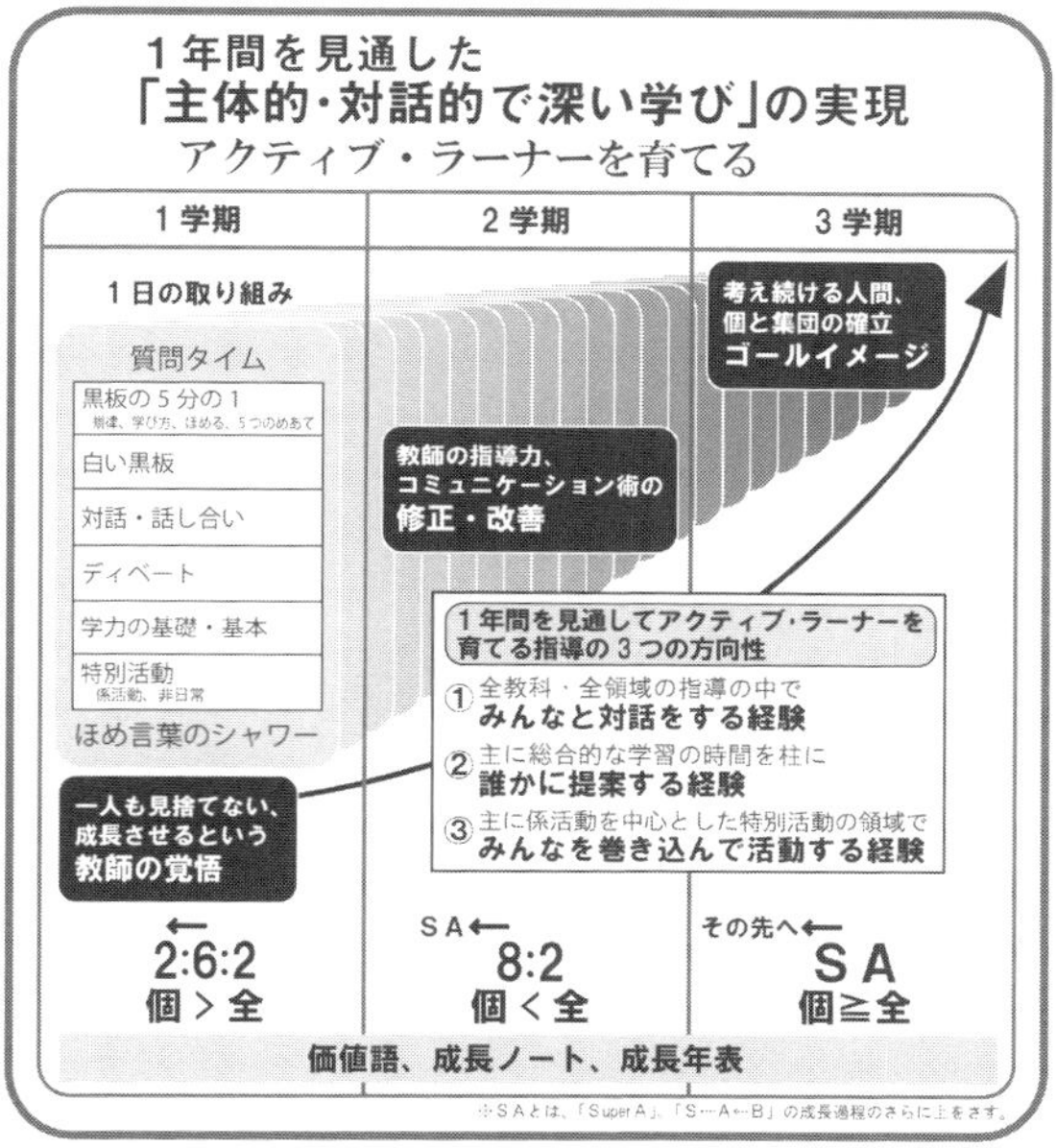

※SAとは、「Super A」。「S←A←B」の成長過程のさらに上をさす。

②「『授業観』試案②」における各実践のつながり

菊池道場では、「成長の授業」を提案しています。「成長の授業」とは、「国語の時間でも算数の時間でも、朝の質問タイムでも、帰りのほめ言葉のシャワーでも、さらには給食の時間、掃除の時間、全ての学校での営み（「言葉で人間を育てる 菊池道場流『成長の授業』（中村堂）」から）」を指しています。そもそも、道徳教育は複合的なものであり、全ての教育活動において子どもたちを「成長」させようと試みることが大切なのです。そして、道徳の時間を要としながら、それ以外の時間において、どれだけ道徳性を養う手立てを講じていけるかが重要になります。

最初に、道徳性を養うための主な一日の取り組みを紹介します。

・朝の質問タイム　・ミニ授業　・黒板の5分の1の指導　・価値語　・白い黒板　・ディベート
・学力の基礎基本を育むための日々の授業　・対話・話し合いのある授業
・係活動や行事などの特別活動　・ほめ言葉のシャワー　　などがあります。

一日の生活の中において「成長の授業」を創り出すことのできる場面はいくつも存在します。その視点は、道徳性の育成のポイントにもなってきます。

ある朝、学校の昇降口の前で挨拶運動と掃除をしていた子どもたちがいました。その子どもたちの様子を写真に撮り、朝のミニ授業で挨拶について考える時間を設けました。学級の子どもたち全員で、その写真からよいところを探し出し、価値付けし、称賛すること

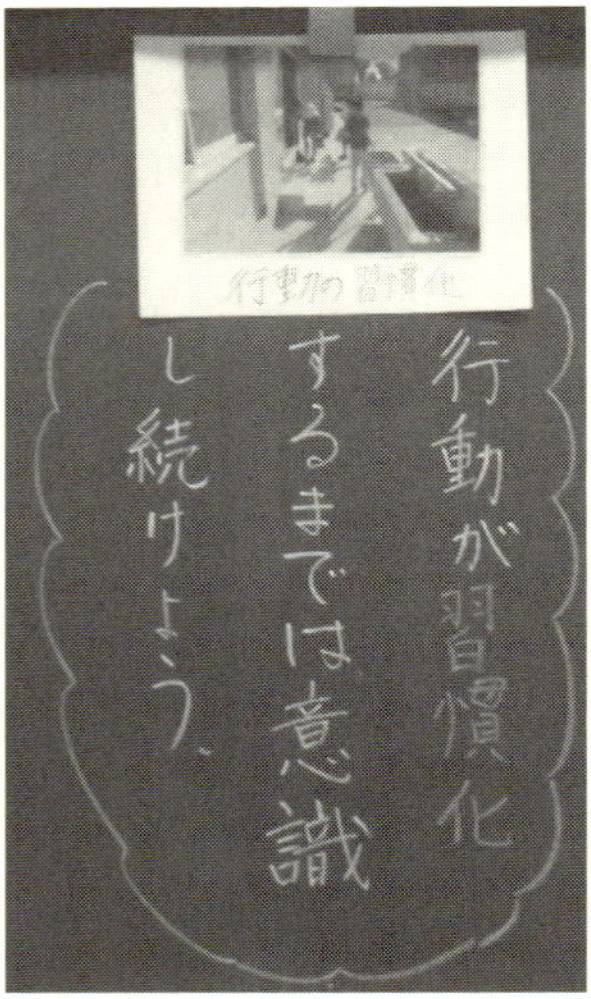

で、その行為が少しずつクラス全体に広がっていきました。いわゆる「感化」です。こうすることで、教師が挨拶について「みなさんも自分から動きましょう」と諭すよりも、大きな感化の力がはたらくのです。

次に、年間を見通した視点について触れておきます。長期的なスパンで考えたときに、学期ごとに意識して取り組む視点は変化してきます。前掲の「『授業観』試案②」にもあるように、教師（1学期）→子ども（2学期）→教師と子ども（3学期）の流れをイメージしておくことが大切です。また、教師自身や子どもたち同士の感化力を高めていくことで、成長曲線を加速させ、公社会に役立つ人間に近付いていくのです。その中では、子どもたちの活動に対して、徐々に自由度を高めていくことが大切です。また、常に活動の振り返りをしながら、課題対応能力を高めていく必要もあります。これは、キャリア教育とも関連することです。

③ めざすべき具体的なイメージ（子どもの姿）

教師が公社会に役立つ人間を育てていくと考えたとき、その理想となる子どもの姿をしっかりともっていることはとても大切なことです。その姿とは、

自分で自分を育てていける

ことであると、私は考えています。「自分で自分を育てていける」という姿に成長していくためには、成長につながるあらゆる活動を複合的に実践していくことが必要不可欠です。一つの実践だけで道徳性が高まっていくわけでなく、複雑にリンクし合っている実践を、意図的・計画的に行っていくという思いをもって指導にあたっていきます。キーワードは、『つながり』です。「自分で自分を育てる姿」とは、過去の自分と現在の自分、未来の自分とをつなげることができる姿であり、他者と協力しながら成長していくことができる姿だと考えています。

④　ぶれない「観」

自分で自分を育てていける子どもを育てていくためには、教師の心構えが大切です。それは、「一人も見捨てずに成長させるのだ！」という強い覚悟でもあります。「一人も見捨てない」とは、教師自身のもつ強い教育観だと考えます。論や術などの技術・技法ももちろん大切です。ただ、それらは、ぶれない観の部分があってこそ活きてくるものです。大切なことは、教師である自分の人間性です。菊池道場では、ぶれない観にするためには、次の４つの視点を大切にしています。

⑴　年度初めから、「子どもは絶対に成長する」と信じ、教師としての覚悟をもつこと。
⑵　どんな学級にしていくのか、どんな人間を育てていくのか、はっきりとしたゴール像をもつこと。
⑶　１年間の見通しをもって指導すること。

(4) 指導は、子どもたちの様子を見ながら柔軟に修正し、改善していくこと。
こうした視点をもって、子どもたちと向かい合っていきたいものです。

⑤「成長の授業」を創り出すポイント

これまで述べた通り、「道徳教育」とは、言い換えれば、全ての活動を「成長の授業」にしていくことです。全ての活動を「成長の授業」にしていき、1年間を見通してアクティブ・ラーナーを育てる指導の3つの方向性を、菊池氏は「『授業観』試案②」の中で示されています。

(1) 全教科・全領域の指導の中で　みんなと対話をする経験
(2) 主に総合的な学習の時間を柱に　誰かに提案する経験
(3) 主に係活動を中心とした特別活動の領域で　みんなを巻き込んで活動する経験

1年間の学級の高まりを判断しながら、この3つの経験を子どもたちに豊かにさせてあげたいと考えます。道徳の授業を核としながら、全ての教育活動において意図的・計画的な見通しをもった指導によって、公社会に役立つ人間へと成長させていくのです。この3つの方向性は、道徳性を高める手立てを講じていく上で非常に重要なポイントです。改めて申し上げますが、重要なことは、教師が「成長の授業をする」のではなく、あらゆる活動を「成長の授業にする」という強い覚悟をもつことです。

第2章

公社会に役立つ人間を育てる　菊池道場流　道徳教育【ポイント10】

2　1日を通して道徳性を育てる空気をつくろう！

中村啓太（菊池道場栃木支部）

①　道徳性を育てる空気

優れた授業。磨き上げられた発問。美しい板書。子どもが授業に対して「気持ち」がなければ、それは教師の自己満足で一方通行の授業です。双方向のやり取りの中で、対話的に授業が展開されてこそ、子どもの「気持ち」のこもった授業になっていきます。これは、学校生活のあらゆる場面で言えます。教師と子どもの「気持ち」に大きなずれがあれば温度差となり、かみ合ってくると信頼関係となって、教育的効果を発揮します。「気持ち」に対する教師のアプローチやコーディネートが教師の重要な役目ではないでしょうか。道徳性を育てたければ、教室の空気を「道徳性を育てたいという気持ちに満ちた空気」に変えていくことが重要です。「道徳性を育てる空気」とは、どんな空気でしょうか。私は、その象徴として「菊池学級　最後の教室」を常にイメージしています。ずばり、「成長しようという気持ちに満ちた空気」こそが、道徳性を育てる空気だということです。

② 菊池学級の空気感

『菊池学級の子どもたちは成長することに異様に集中している。貪欲すぎると言ってもいいくらいに』南郷市兵氏（福島県立ふたば未来学園高等学校副校長）が、菊池氏と対談した時に菊池学級の子どもたちをこのように表現していました。南郷氏のこの言葉を聞いた時、教室に立ち込める空気感が子どもの成長や意識を大きく左右すること。そして、子どもの姿勢（心の勢い）が教室の空気を変えるということを改めて確認しました。当時の菊池氏の学級が、本書のタイトルにもなっている「公社会に役立つ人間が育つ」学級だということ。同時に、菊池氏が「公社会に役立つ人間を育てようとする教師」だということが分かります。菊池氏は、一人の人間として教室でリーダーシップを発揮しています。教師からの価値観の押し付けではなく、子どもの主体性や関係性を大切にしながら、教室にプラスの空気をもたらしています。圧倒的な感化がそこにあるのです。その感化が、個や集団の変容を生み出します。感化の力が教室の空気をプラスに導き、「成長し続ける」という強い覚悟をもった個や集団が確立されていくのです。

③ 一日の全てが道徳教育

道徳の時間が年間35時間位置づけられ、毎週道徳の授業が行われています。また、学習指導要領では、道徳の時間を要として学校の教育活動全体を通じて道徳教育を行っていきましょうと明記されています。これは、45分の道徳の授業を年間35回積み上げればいいというのではなく、学校生活の中にある日常の中に、道徳的な取り組みを教師が意図的に仕組んでいくということです。つまり朝、子どもが登校してから、下校するまでの全ての時間に、道徳教育のチャンスがあるということです。押谷由夫氏（昭和女子大学教授）は、「教育活動全体として考えたときに、道徳教育は雰囲気や風土、環境が大切です（「新しい教育17号」日本標準教育研究所刊）」と述べています。学級が各教科の学習、日常生活の中で、どれだけ子どもたちが道徳的な内容項目を感じ取ることができる環境になっているかが重要だと述べているのです。

つまり、菊池氏の考える1日の全てが「成長の授業」という教育観と教育活動全体が道徳教育という理念は一致すると言えるでしょう。では、1日の学校生活の中で、どのようにして道徳的な内容項目を子どもたちに感じさせていくのかを、例を挙げながら紹介していきます。

④　朝の空気づくり

朝、多くの子どもたちは家での生活と学校での生活を切り替えることができず、重たく、のんびりとした空気を感じることがあります。私は、そういった空気を変える取り組みを行っています。スイッチを入れることを目的に始まった取り組みも、今ではそれぞれに大きな目的をもったものへと変わってきています。

朝のハイタッチ…学級にいる全員が仲間であることを確認し合うため。

あいさつリレー…大きな声で名前とあいさつができる自己開示の練習のため。

質問タイム…自分の知らない友達のよさを引き出すため。

朝のメッセージ黒板…前日の子どもの頑張りを称賛し、前向きに一日をスタートするため。

朝のミニ授業…学級の今に合った考え方や目指すべき姿を再確認したり、伝えたりするため。


朝の何気ない時間を成長や心を耕す目的をもたせることで、学級の空気感を良質な空気へと変えていくことができるのです。そして、その空気感こそが、子どもたちにとって道徳的な内容項目を感じ取る環境設定となっていくのです。

⑤ 授業中の空気づくり

菊池氏は授業中のめあてとして5つのめあてをもつことが、これからの教育に求められていると述べています。「①表のめあて　②学級経営的なめあて　③学習規律的なめあて　④学び方のめあて　⑤横軸づくりのめあて」です。例えば、国語の「熟語の成り立ち」の単元において、「熟語を見つけ、分類分けすることができる」という表のめあてしかない教師であれば、そこに道徳教育の視点はないと言えるでしょう。しかし、学び合いを軸として、「友達と協力すること」や「役割分担しながら、自分の責任を果たすこと」などの価値規準をもって、授業を行うことで、国語科の授業の中でも、道徳教育を行っていくことができます。単に学力を身に付けていくという視点だけでなく、内面の変容や心の育ちを保障しながら、45分の授業を行っていくことが、『教育活動全体を通して』という言葉のもつ本来の意味ではないでしょうか。

⑥ 帰りの空気づくり

菊池氏のオリジナル実践である「ほめ言葉のシャワー」は、道徳的な要素をもった究極の取り組みです。帰りの会で、主役に対して、全員でほめ言葉を贈る効果は多岐にわたります。①学級内の空気が温かくなる（安心感）②自分に自信がつく（意欲）③価値ある行動が増える（実践力）④友達のよさを知る（理解）。ほめ言葉のシャワーによって、道徳科の目指す資質・能力として、学習指導要領に明記されている、「道徳的価値についての理解」…知識及び技能、「物事を多面的・多角的に考え、自己の生き方について考えを深める」…思考力、判断力、表現力、「自己の生き方についての考えを深める」…学びに向かう力、人間性といった道徳性を育成することができるのです。常に心の育成を意識している学級では、1日の終わり方にまで意味や目的をもっているのです。

⑦ 教師の美点凝視が空気をつくる

学校生活の中では、突発的な問題やトラブルが起こります。そんな時、子どもに「友達と仲良くしましょう」や「働くことは大切です」などと言っても、多くの場合はまた同じことが起きるのではないでしょうか。これは、子どもたちの中に、道徳的な価値や正しいことを正しいと思える感性が育っていないからです。だからこそ、できていないことを取り上げる指導よりも、高い道徳性をもった子どもの行動を教室に広げていく方が教育的であり、子どもの内面を磨いていけるのです。

私は、4月に教室の中に紙くずを落としておきます。ごみを拾うという行為から授業をするためです。数日もすれば、何気なく気付いた子どもがおもむろに拾い、中を開きます。中には「心が美しい」と書かれています。翌日、紙くずを拾ったという事実をもとに授業を行いました。単に、「ごみを拾うことはいいことです。これからごみを拾いましょう」ということを教えたいのではなく、ごみを拾う行為をした子の人間的な魅力を伝えることに意味がありました。「人のために働ける人」、「小さなことも大切にできる人」、「学級をよくしようと思っている人」というように、行為に対する価値付けを行うことで、価値の拡大を行いました。ごみを拾うことは素晴らしいという側面だけでなく、教師がどれだけ、多面的に行為をみることができるかが重要です。できないことを責めるのではなく、できていることを広げていく、教師の美点凝視が日常の中の突発的な問題を道徳教育に変えるポイントなのです。

第2章 公社会に役立つ人間を育てる　菊池道場流　道徳教育【ポイント10】

3 子どもの心構えをつくる価値語指導をしよう！

古舘良純（菊池道場千葉支部）

価値語とは、菊池氏の造語であり、子どもたちの考え方や行動をプラスに導く言葉として全国の学級で取り入れられています。「価値語」「価値語モデル」「価値語カレンダー」「価値語100ハンドブック」と、価値語の存在なしに菊池実践は語れません。菊池氏は、黒板５分の１を価値語指導のために使いましょうと言います。年間を通し、教科領域に関係なく、常に考え方や行動をプラスに導くことは、道徳教育そのものと言っても過言ではないのです。

①　段階を意識して価値語指導をする

価値語を示す時は、子どもたちの事実に即した、教室に根付く価値語であるべきです。そう考えると、日常生活の中には様々な価値語が生まれ育つ可能性があります。

しかし、日常生活で生まれ育つだけではない価値語、年間を見通した価値語指導のイメージをもっておくことで、系統性のある指導をすることができます。さらに、その指導が子どもたちの道徳に対する心構えを育てることにもつながるのです。価値語が生まれることを待つだけではない、攻めの価値語指導をしていくのです。

次のようなイメージをもって、価値語指導をするようにします。

(1) 学習規律的側面をもつ価値語指導・・・・・「迫力姿勢をしましょう」など
(2) 学習中にあるべき姿を示した価値語指導・・「男女関係なく、誰とでも対話しよう」など
(3) 学び方に関する価値語指導・・・・・・・・「しゃべり、質問し、説明しよう」など

(1) 学習規律的側面をもつ価値語指導

1学期や4月初めの頃は、「迫力姿勢」など、目に見える座り方、立ち方などを指導していきます。「足裏がついている」「腰が立っている（立腰）」「背筋が伸びている」「目線がすごい」など、人の話を聞く際の、当たり前の行動を求めていくことになります。

学級の様子が不安定だったり、話し合いがなかなかできなかったりするような初期の状態でこそ、こうした学習規律的な価値語指導をしていきます。「切り替えスピード」や「メリハリをつける」などの価値語も、1学期中に指導したいものです。「相談しましょう…。はい、やめましょう」のような指示で、時間をだらだらと使わないためです。教師が「やめましょう」と言ったらやめると

いうことを、徹底的に鍛えなければなりません。

逆を言えば、この学習規律的な価値語指導を3月まで継続しているようでは、その価値語指導自体が弱いことになります。

子どもたちの心に価値語を植林し、より早い段階で学習規律を身に付けさせられるようにしていきたいものです。学習規律が守られない学級では、真剣に考えたり、議論したりするような空気にはなりません。望ましい学習態度の在り方を考えさせなければいけないのです。

(2) 学習中にあるべき姿を示した価値語指導

学習規律が学級に浸透してくると、子どもたちの動きがよりスムーズになります。しかし、ちらほら仲のよい関係で集まっていたり、集まっても違う話をしていたりすることがあるかもしれません。そうした場合、「こうあるべき」という姿を価値語で示して指導することが必要になります。

例えば、「男女関係なく」という価値語を示すとします。「まさか、この学級で、男子だけとか、女子だけとかっていうふうにくっつく人はいませんよね？」と事前に子どもたちに話をし、黒板の左5分の1に「男女関係なく」と書くのです。他にも、「誰とでも」という価値語でもいいかもしれません。

また、「一人ひとりは違う」ということも示すようにします。特に道徳においては、個々の置かれた環境が違い、考え方や価値観も同じであるはずがありません。意見が違っていいのだ、一人ひとりの違いはそれぞれの「自分らしさ」なのだということは、本来「あるべき姿」なのです。

考えを広げたり、心を揺さぶったりするためには、友達との対話は不可欠です。また、話し合わないことには議論には発展しません。そんな時、一人ひとりの考えが違っている必要性が少なからずあります。そうした状況を生むためにも、学習中にあるべき姿を指導していくことが必要なのです。

(3) 学び方に関する価値語指導

学習中に望ましい姿が見られるようになってきても、子どもたちが学び方に関する知識をもっていなければ、学習に深みが出ない場合があります。現象として議論しているように見えても、やりとりが上すべりし、感情論で話し合いが進むような場合です。

例えば、「教科書は作戦基地」という価値語があります。自分の考えの元となる部分を教科書から見つけて作戦を練るということです。根拠となる文がどこにあるかを探し、文中にはどのようなことが書かれているのかを見つけていくという学習作業です。ここで、意見や考えには「根拠をもつ」ということを学ばせます。根拠を示せない意見は、公社会では通用しないのです。

また、自由に立ち歩いて話し合う際には、「しゃべる・質問する・説明する」なども示していきます。「一緒にやらない?」「同じ考えだね!」「よろしくお願いします!」と、まずは友達としゃべります。そして、「どっちを選びましたか?」「それはなぜですか?」「どこに書いてありましたか?」などと質問していきます。最後に、「質問には根拠をもって答える」ということを指導します。「だって〜」「ここに書いてあるように〜」「この文が〜」というように答えさせるのです。

また、連続的に対話が進み、反論し合う場合には、「なるほど」「それはそうなんだけど」のように、一度相手を受け入れるような相槌を打たせることや、ヒートアップした時には「スマイルを忘れない!」のような価値語も示すとよいでしょう。

左の写真は、菊池氏が私の学級で授業を行った際に書かれた黒板の5分の1の価値語です。飛び込み授業45分間で、これだけの価値語指導をしていただきました。本当に光栄なことです。これだけ見ても、黒板の5分の1において、

(1) 学習規律に関する価値語指導
(2) 学習中にあるべき姿を示した価値語指導
(3) 学び方に関する価値語指導

の全てが網羅されていることが分かります。

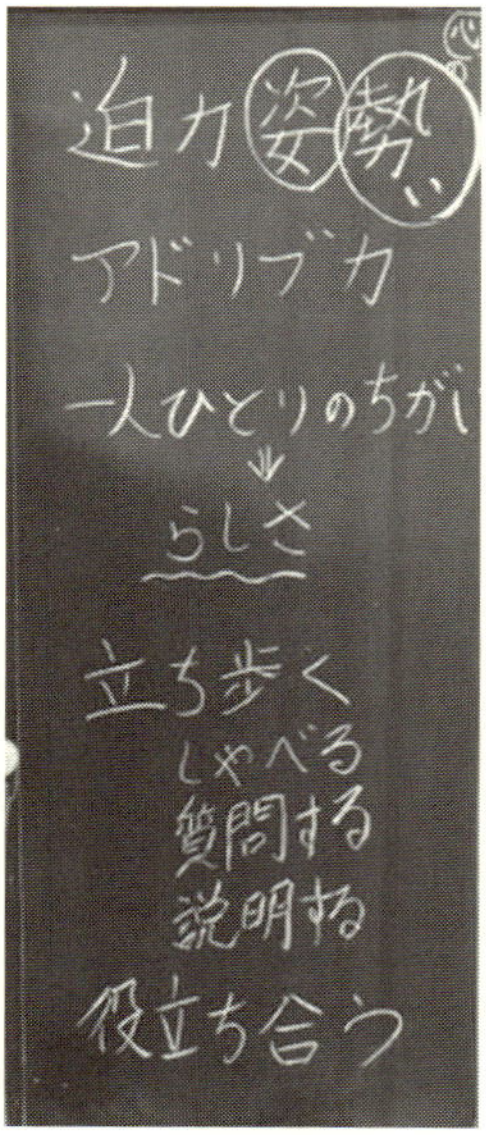

これを、ある程度系統立て、年間を通して段階的に指導していけば、子どもたちの心構えができていくでしょう。もちろん、道徳授業においても力を発揮するはずです。

② 命の吹き込まれた価値語を

菊池氏は、著書「挑む　私が問うこれからの教育観（中村堂）」の中で、価値語のことを次のように書かれています。

> 子どもたちの中に、こうした「価値語」が増えていくと、日常の行為が変わってきます。何が正しいことなのか、どうすることが良いことなのかが具体的に分かってくるのでしょう。徳目的に抽象的な言葉を示すのではなく、日々の学校生活の事実と関係した、生きた言葉を示すことが大切です。公（おおやけ）の場での振る舞いが美しくなってきます。

価値語は言葉です。黒板に書かれた文字はいずれ消えます。価値語モデルとして写真とセットで掲示しても、風景化することも少なくありません。

だからこそ、日常的に具体的行為と価値語をセットにして指導したり、常に価値モデルの掲示物に立ち返って指導したりすることが大切なのです。そして、価値語に命を吹き込まなければいけません。そして、命を吹き込めるのは紛れもなく教師自身です。教師自身が価値語の力を信じ、熱量を込めて子どもたちに語り聞かせなければ、決して響くことはないのです。

菊池氏は、「言葉を育てると心が育つ。心を育てたら人も育つ」とも書いています。

第2章 公社会に役立つ人間を育てる 菊池道場流 道徳教育【ポイント10】

4 対話・話し合いを日常化しよう！

古舘良純（菊池道場千葉支部）

道徳の授業は週に1時間、年間35時間です。総時数に対しての割合は約4％になります。この4％の授業だけを改善することが、「議論する道徳」を成立させることにつながるのでしょうか。残り96％の授業改善こそ必要になってくるのです。

道徳において言えば、教師側からの一方的な語りだけによる、徳目を指導するだけのような授業ではなく、子どもたち同士が考え方をぶつけ合っていくような授業が求められているのです。そうした授業を生みだすために、「対話・話し合いの日常化」が必要になってくるのです。この日常的な取り組みが、週1時間の道徳授業を変えていくのだと信じています。

菊池氏の授業は、「対話・話し合いがある」ことが特徴だと言われています。そうした意味では、道徳授業における「対話・話し合い」は、菊池道場流のポイントだと言えるでしょう。

同じ構想で授業を行って授業の様子に「違い」が生まれるのは、日々の授業を中心とした教育活動の「違い」ゆえである。（中略）日常の教育活動の中でどれだけの「力」を子どもたちに付けてきたかが、一時間の授業に凝縮されている。（中略）週一回の道徳授業だけ「上手にやろう」としても所詮、無理だ。「道徳授業原論 p.124（日本標準）」

これは、道徳教育改革集団の代表をされていた深澤久先生のお言葉です。つまり、年間を通した指導なくして、価値ある道徳の授業は成立しないということです。これまでの道徳授業を振り返ったとき、どうしても単発の指導になりがちでした。どうしても教師主導になってしまうことが多くなっていました。指名し、発言させ、「みなさんはどうですか？」と周りに聞くような授業です。積極性のある子がどんどん発言し、それ以外の子は黙って聞いている。そんな道徳授業でした。

今後、このような授業の継続が、「議論する道徳」を成立させうるとは思えません。

では、どうすべきか。ポイントは「自由に立ち歩く対話・話し合い」を日常化することです。

①「相談しましょう」で対話させる

菊池氏の飛込授業では、「相談しましょう」というフレーズをよく聞きます。隣の席の友達と対話させるための指示です。学級や子どもたちの実態に応じ、様々な枕詞を使いながら対話をさせていくこともあるでしょう。「どうやって解いた？って聞いてみよう」、「〇と×どっちにした？と聞いてみよう」など、教科やその時々に応じて指示を変えてもよいと考えます。

まずは、隣同士の対話を何度も繰り返させるのです。「授業では人と対話するのだ」ということを子どもたちに認識させていくのです。こうした年間を通した圧倒的な対話の量が、いざ道徳授業を実践するときに力を発揮していきます。

② 自由に立ち歩かせ、話し合わせる

「自由に立ち歩かせたら、うるさくなりませんか？」

「立ち歩いたら収拾がつかなくなりそうで…」

といった声をよく聞きます。「授業は座って受けるもの」という意識が、どこかにはたらくのでしょう。私自身もそういった考え方をしていた時期がありました。

しかし、活動のねらいを明確にしたり、パフォーマンス術を駆使して事前指導を行ったりすることで、そうした不安要素は十分に回避することができます。むしろ、そうした状況は起きません。

まずは、立場決定をしっかりさせます。「一番よかったか、否か」「行くか、行かないか」「〇か×か」という立場を決めさせるのです。その後、なぜそう考えたのか理由を書かせます。自分の考えをもった立ち歩きと、そうでない立ち歩きとでは、全く質が違うからです。

そして、「せっかく立ち歩くのだから、たくさんの友達と話した方がいいよね」「まさか、ポツン

と一人ぼっちをつくるわけがないよね」と念を押し、「黒板の5分の1」で対話に対する態度に関する指導もします。さらに、1分間の対話を3回繰り返して3人と対話させたり、男女で交流させたりするなど、少人数の対話を繰り返し、立ち歩くことに慣れさせることも大切にしていきます。

立ち歩きの対話から帰ってきたら、再度ノートに向かわせるようにするとよいでしょう。新しい考え方が浮かんだり、友達との対話で考え方が変わったりしている場合があるからです。学びを「個に返す」という意味でも、再度ノートに向かわせると、子どもたちが対話・話し合いで得た考え方を自分なりに落とし込む時間が確保できます。そうした様子を教師が価値付けし、「立ち歩くこと」に意味をもたせるのです。この意味付け、価値付けが、道徳における議論の場面においてよい影響を与えていくのです。

③ 少人数の対話を繰り返す

「相談しましょう」「自由に立ち歩いて話し合いましょう」という指示は、年間を通して行われるべきです。先ほども書いたように、1分の対話を3回行ったり、男女で交流させたりするなど、最初は回数や時間を決めて何度も繰り返し行います。初期の頃は、45分間に、2～3回は位置付けます。

何度も、「どちらにしましたか？」「なぜですか？」「それはどうしてですか？」と尋ね合うことで、対話・話し合いに対するやり取りに慣れていくからです。道徳の時間だけそうした環境を与えても、議論に達するわけがありません。教師が年間を通して対話の場を設定していくことが必要なのです。その際、いくつかポイントがあります。ただ対話させたり、自由に話し合わせたりするのは教師の丸投げです。うまくいくはずがありません。ポイントは、次の通りです。

- ・45分の中で、何度も対話・話し合いをする場を設ける。
- ・立場と理由を明確にさせ、「〜だからです」と言い切らせる。「〜だと思います」は弱い。
- ・「私にとって」「自分としては」「多分」「きっと」でよいことを伝える。
- ・対話・話し合いの中で考え方や意見が変わるのは当たり前。(ただしその理由が大切。)
- ・理由には根拠をもつこと。誰の考えに共感したかなどが大切。

こうした指導の積み重ねは、対話・話し合いの場面だけではなく、コミュニケーションゲームを通して指導したり、質問タイムなど、他の菊池実践の中で鍛えたりすることができます。いずれにせよ、人と話すことを通して人間的な成長を促していきます。

④「あなたのおかげ」ということの自覚をもたせる

国語の話し合いの感想を書かせた時、「やっぱり、違う考えの人がいるから楽しい」と書いていている子がいました。道徳の話し合いの感想を書かせた時、「分からない、でもそれが楽しい」と書いている子がいました。この二人は、いわゆる学力トップの二人です。そんな子も、人と話すことが楽しいと思えるのです。それは、相手と自分がお互いにリスペクトし合える関係だからです。学力に関係なく、相手を通して自分のことを考えたり、自分を通して相手を見つめ直したりするから楽しいのです。「公社会に役立つ人間」とは、相手と自分によい影響を与え合う存在であるはずです。

そうした役立ち合う関係を築くために、次のようなポイントがあります。

・「お願いします」で始め、「ありがとうございました」で終える。
・「うんうん」「なるほど」「確かに」など、相槌をうたせる。
・「例えば？」「つまり？」「と言うと？」と、連続質問で相手の考えをさらに引き出させる。
・反論したり、質問したりするときには、「確かにそれもそうなんだけど」と一度共感させる。

対話・話し合うことは、「相手のよさを引き出し合う」ことです。相手の存在を否定したり、考え方をつぶし合ったりするようなことではありません。

それが役立ち合うということであり、「あなたのおかげ」という関係が生まれるきっかけになります。自由な立ち歩きによる対話・話し合いは、健全な社会の縮図でもあると言えるでしょう。

第2章

公社会に役立つ人間を育てる　菊池道場流　道徳教育【ポイント10】

5 45分の授業がめざすものを明確にしよう！

中村啓太（菊池道場栃木支部）

①　なぜ道徳の授業があるのか

子どもたちの中に、「ルールを守らなくてはいけない」や「思いやりの気持ちは大切である」などの道徳的な価値の理解はあります。しかし、分かっていても行動にできなかったり、分かっていてもどこか他人事だったりします。「守るとどんないいことがあるのか」や「どうして大切なのか」ということが分かっていないのです。道徳の授業がめざすのは、分かり切ったことを再度復習するような学習ではなく、分かり切ったことを問い直す、概念の再構築を行うことにあるのです。

子どもたちに、命の後に続く言葉を聞くと、「大切」や「一つしかない」などの答えが返ってくるでしょう。道徳の授業を通して、例えば、同じ「大切」でも、「命の有限性」や「命の連続性」、「支えられている命」といった見方、考え方から生まれる「大切」という思いには、道徳性の豊かさに違いがあります。

こういった、概念の再構築が道徳の授業に求められ、教師は授業の中で子どもたちに、新たな気付き、発見を生み出すような、授業づくりを行わなくてはなりません。だからこそ、新しい価値観に触れさせる、「考え、議論する道徳」が今、注目されているのでしょう。道徳をすれば、簡単に心が育つわけではありません。だから、道徳の授業はやってもやらなくても同じではなく、心を育てるきっかけとなる、可能性を秘めた時間だと私は考えています。

② 45分の授業をどのようにデザインしていくか

45分の授業を教師がデザインしていく際、単調な授業展開では子どもの意欲も持続せず、思考スピードも上がらず、持久走を走るような授業になってしまいます。私は、インターバル走のように、短い間隔で目的をもった授業になるよう、日々心掛けています、私は、授業を大きく3つに分けています。15分×3という意識です。子どもの集中力を保つための一助になると考えています。始めの15分は、授業や資料に子どもたちを乗せる時間帯と考えています。つまり意欲喚起を促す時間帯です。本時のテーマや課題を確認し、子どもたちに見通しをもたせます。また、資料に触れさせ、道徳の世界に引き込むことを大切にしています。何事も始めが肝心です。子どもたちに「考えたい」「知りたい」と思わせることで、次の15分の子どもたちの勢いに大きな差が出るのです。

次の15分は、子どもたち同士の関わりの時間や多様な価値観に触れるような時間と考えています。広げる学びの時間帯です。積極的に子どもたちを立ち歩かせ、体と頭、そして心を動かせるようにします。特にこの時間帯は、友達との対話を積極的に取り入れます。対話の中や全体での共有の場面で、新たな疑問や問いが生まれます。中の15分が活発であればあるほど、最後の15分の時間を深い学びに変えることができます。

最後に終わりの15分です。ここでは、精神的に汗をかいたり、自分なりの答えを見出していく苦しい時間帯になります。深い学びです。道徳的価値項目を自分事として解釈したり、これからの自分をイメージする時間帯です。一人ひとりの納得解に辿り着かせることが重要です。対話を通して、一人では気付けなかったことに気付き、一つだけの正解を求めるのではなく、一人ひとりの納得解にたどり着けるように、教師はコーディネートしていかなければならないのです。

③　15分×3の視点に立った、教師の言葉掛け

15分×3という意識だけでは、子どもたちと授業をつくり上げることはできません。ここで大切なのが、教師の言葉掛けです。どの時間帯にどんな言葉掛けを行うか、教師の言葉掛けの数とタイミングが重要です。ここでは、学びに向かう空気をつくるための言葉掛けについて、いくつか紹介します。

●始めの15分

・さあ、道徳です。いきましょう！（手拍子を入れながら）・拍手がほしいですね。

・きっと、先生の問いかけに全員が反応するのでしょう。　・速い。美しい。素晴らしい。
・人と意見を区別します。人に流されないで、自分らしさを大切にしよう。

●中の15分
・友達の意見は口角をあげて、聞き合いましょう。
・あなたの姿勢は真剣勝負している人の姿勢です。
・男子と女子が関係なく、交流できるのがこのクラスのよさです。
・役立ち合える学びをしましょう。
・近いな。友達の意見を聞き逃さないぞって気持ちが表れています。

●終わりの15分
・さあ、ここからが勝負です。隣の人に「頑張ろう」とハイタッチをしましょう。
・大きく、深呼吸をしましょう。　・後半主張できる人は強い学び手です。
・ラストスパートです。　・頭と鉛筆から煙が出ています。団扇であおいでもいいですか。

このように、時間帯によって、教師の言葉掛けは変わってきます。学級の様子や先生方の特性によって言葉は様々ですが、15×3の視点があれば、教師が意図的に空気を変える言葉を掛けるでしょう。教師が授業中に、教室に立ち込める空気や子どもたちの表情を見ながら、学びが加速するような「魔法の言葉」を、特に道徳の授業では大切にしたいものです。

④　授業のその先へつなぐ

45分で身に付けた知識や理解と実生活がつながったとき、子どもたちにとって初めて実感を伴った深い理解となります。その深い理解が道徳的実践力です。授業中に心を使って考え、実生活では心を使って行動にします。考えたり思ったりすることと、実際に行動することの間には大きな壁があります。分かっているけどできない、という状態です。きっとそこには、「正しいことは恥ずかしいこと」「正しいことをすれば、孤立する」という間違った空気が教室や学校に漂っていることがあるからでしょう。教室や学校が、「正しいことは美しいこと」という空気で満たされていれば、子どもは学んだことを純粋に行動に移してくれるでしょう。

そのために、教師が正しい価値観をもち、価値ある行動に対して称賛していくことが大切です。菊池学級には、価値ある行動が写真と言葉と共に掲示されています。「価値モデル」です。教室や学校の中で、大切にしてほしい価値観や心構え、振る舞いを可視化することで、子どもたちに価値ある行動として示し、正しいことを正しいと思える子どもたちに育てていきます。言葉と行動をワンセットにして示すことで、子どもたちの道徳的心情を実践力に導く手立てとなるのです。

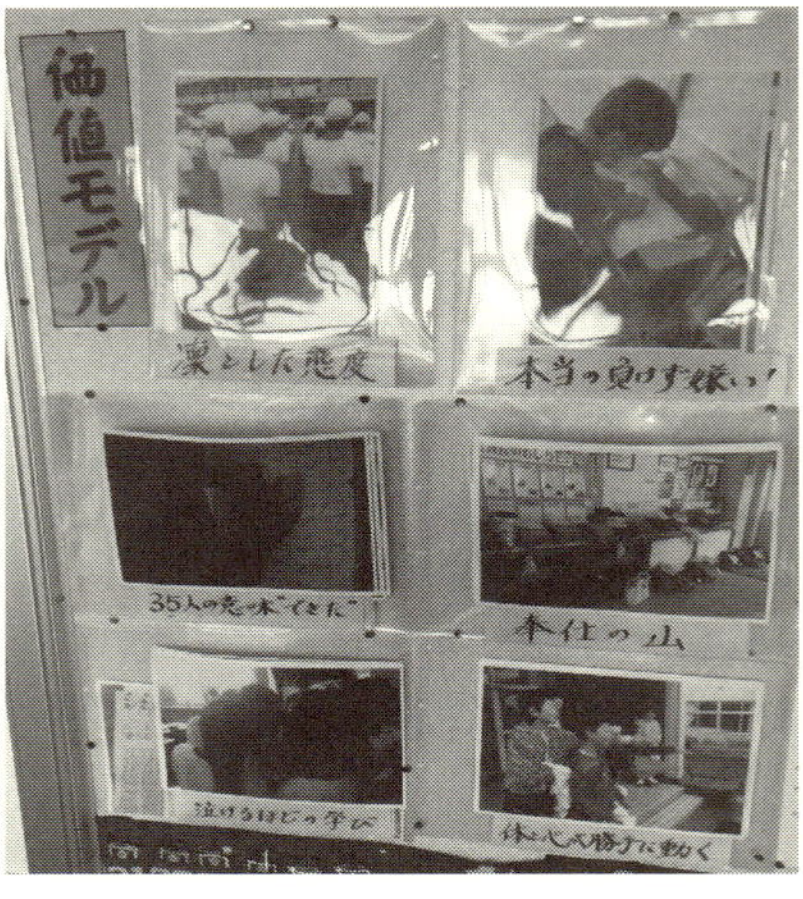

⑤ 一年間かけて、じっくり心のエネルギーを蓄えていく

ある日、私の学校に建設業の方々が35名来校し、重機体験などの授業をしてくださいました。終了後、10名ほどの子どもたちが、教室とは別の方向に歩き出し、その場にいる全ての大人に対して丁寧にお礼を伝えていました。一人の人間として、相手に対して真っすぐ向き合う姿に、思わずカメラを向けました。お礼を伝えなさいと私は言わなかったのに、なぜ。人を大切にした振る舞いでした。道徳の価値項目には、思いやり・親切が位置付けられています。授業で、この徳目を取り扱ったから、こういった子どもの「考動」が生まれたのではありません。毎時間の授業を積み重ねてきたことや一日を通して道徳教育を行ってきたことで、着実に心を育ててきたのです。私は、こういった「考動」が生まれたのは、心のエネルギーが蓄えられてきたからだと感じています。思いやりの授業をしたから、思いやりのある行動が生まれる。生命尊重の授業をしたから、命を大切にする。そうではなく、授業や生活の中で心に栄養を与え続けたことで、大きく変容していくのです。学力を形成していく際、基礎基本を反復したり、学習意欲を高める指導を行ったりするのと同じように、心の育成も積み上げていく、蓄えていくイメージをもって指導しています。「道徳の授業をしたところで、子どもは変わらない」という残念な言葉を耳にすることがあります。私は、心のエネルギーを蓄えながら、一人の人間を育てていきたいのです。

第2章

公社会に役立つ人間を育てる　菊池道場流　道徳教育【ポイント10】

6 他者も大切にできる「自尊感情」を高めよう！

加倉井英紀（菊池道場福島支部）

① 自己有用感と自尊感情とは

最初に、「自己有用感」と「自尊感情」という言葉について確認します。

文部科学省国立教育政策研究所がまとめた文書には、「自己有用感」は、他人の役に立った、他人に喜んでもらえた…等、相手の存在によって生まれる感情だと書かれています。自己有用感は、他人から評価されることによって自信が養われるのが特徴であるのに対して、自尊感情は、自分に対して肯定的な評価を抱いている状態をさしています。自尊感情は、自己肯定感とも呼ばれ、大人にほめられることによって、自信が養われるのが特徴です。自尊感情は、あくまでも他人を介さない自己評価のため、過大評価につながりやすく、周囲の友達などから評価が得られないと、せっかく身についた自信を喪失してしまう恐れもあります。

自尊感情を高めるためには、ただほめて自信をつけさせるのではなく、自己有用感を高めることによって自信をつけさせる方が、より強い自信につながるのです。また、自尊感情も高すぎるのではなく、健全な自尊感情であることが望ましいとも言われています。健全な自尊感情とは、独りよがりではなく、他者のことも思いやることができる状況です。自己有用感を高めていくことが一人ひとりの自信になり、そのことが自尊感情を高めていくことにつながっていくのであり、さらには、公社会に役立つ人間の育成につながっていくのです。

② 自己有用感を高めるための手立て

子どもたち一人ひとりの自己有用感を高めるために、私は、特別活動の学級会において次のような手立てを行いました。

(1) 必要感のある話し合い→出席者から参加者へ
(2) 発言する回数の確保→自分らしさの発揮
(3) 意見の受容→人と論を区別する
(4) 振り返り（自己評価・相互評価）→メタ認知力の向上
(5) 実践につなげる→掲げて終わりにしない

日頃の話し合い活動及び学級会において、自己有用感が高まる手立てを意図的に設けました。その際、右の5つの手立てを教師と子どもが意識することで、より目的を明確にして、自己有用感を高めていくことができるように心掛けたのです。話をしたいという思いが、主体的な学びや対話につながっていくのです。最初の段階では、教師がつないであげたり、子どものつぶやきを拾ってあげたりすることで、子どもが自信をつけていていくと考えました。他にも、対話的な活動を取り入れていく上で、相手の意見を受容することや人と論を区別した話し合いをしていくことは重要なことであるとの考えから、そのことも意識的に指導していきました。

これらの活動をしっかりと振り返ることも大切です。しかも、その振り返りを伝え合ったり、文字に表したりする経験を繰り返し行うことで、自己理解につながっていくのです。教師や他の児童が前向きな声掛けや心のこもったコメントをしていくことで、その子のやる気は大きく育っていきます（この点についての詳細は、後の「9内側の白熱を促す『成長ノート』に取り組もう！」で詳述します）。こうした取り組みを継続することが自己有用感を高めることにつながっていきます。このことは、道徳性を養う上で非常に重要な要素の一つです。

ここで、自己有用感が高まった活動の例を一つ紹介します。計画委員を中心に学級会の話し合いを行いました。テーマは、「男女が仲良くなるためのハロウィンパーティー」でした。前回、別のテーマで話し合いをした際には、決めようとしていたことが時間内に決まらず、平行線のまま終了していました。今回の話し合いでは、1時間の中でしっかりと自分の意見を伝え合い、学級の考えをまとめるということを計画委員が全員に投げかけ、共通理解してから話し合いを開始しました。目標をもって始めた話し合いでしたので、様々な意見が出ながらも、お互いに意見を付け足したり、合わせたり、折り合いをつけたりしながら話し合いを進めることができました。そのあとの振り返りでは、計画委員の子どもたちから、「みんなの役に立てて、自信がついた」という振り返りが上がりました。こうした積み重ねが、自己有用感及び自尊感情を高めていくのだと実感していました。

③ 不可視の価値付け

自己有用感を高めていくためには、目に見える行動の変化に気が付くことはもちろんですが、目に見えない不可視の変容に気付き、価値付けすることが大切です。ここでは、自己有用感を高めるための不可視の変容の取り上げ方について紹介します。

不可視の変容を価値付けしていく上で、価値モデルがとても有効です。価値モデルは、子どもたちの価値のある行動（お手本となる姿）を写真に撮り、その写真からよさを見つけ、価値語を付けるという実践です。下の写真1枚を見ても、様々なよさを見つけることができます。それは、教師と子どもが、「できたか、できないか」という知識重視から、日頃からお互いのよさや微細の変化を感じ取ることができる変容重視へと、考え方をシフトチェ

ンジしているからできることです。この写真からは、集団としての学ぶ意欲、男女の輪、思いやりの心、美しい姿、空気に負けない、素直な心、考え続ける、自分から○○、学び合う視線、などたくさんのプラスの言葉が出てきました。プラスに物事を捉えることで、極微の変化や不可視の部分を読み取ることができるようになるのです。

④ 教師と子どもたちで創る

子どもの成長を見取る、教師のみる目。教師が微細の変化をプラスに評価することを1学期から継続することで、次第に子どもたち自身が変化に気付くことができるようになっていきます。下の写真は、前述の写真からよさを見つけようと呼び掛けて黒板に書き出した時のものです。教師が価値モデルの価値を伝え、学級に感化させることも大切ですが、それだけではなく、教師と子どもたちとで価値を見つけ合い、全体で共有することによって、多様な考えや参加者としての気持ちが高まっていき、全体で共有することで、客観的に捉えるメタ認知の力も高まっていくのです。前向きで素直な心をもった子どもたちは、友達のよいところをこ

れでもかと見つけて板書していました。このように、普段から観察力を磨き、よさを伝え合う活動を取り入れていくことで、一人ひとりの考えが受け入れられ、役立ち合う関係性が生まれるのです。

⑤「自尊感情」を高めた「非日常」

子どもたち一人ひとりの自己有用感を高めていくことは、自尊感情を高めていくことにもつながります。自尊感情が高まってくると自分から率先していろいろなことに挑戦することが増えます。その時に活かしていきたい視点が「非日常」です。学校行事などの「非日常」は、子どもたちを大きく成長へとつなげていける可能性を秘めているのです。

左の写真の男の子は、陸上大会という非日常の場で、自分の殻を破り友達に全力で応援をしていました。その行為は、次第に周りの友達を感化していきました。その価値を後日全員で共有し、その子に伝えることでさらに自信がついたようでした。振り返りの時間の中でその子は、陸上大会の応援を通して、他者を思いやる力や全力を出し切る力が高まっていったと語っていました。このような非日常の力を利用しながら、友達同士で称賛し合う空気をつくることで、一人ひとりが公社会で役立つ人間になろうと努力していくのです。

7 一人ひとりの「らしさ」を育てる授業をつくろう!

中村啓太(菊池道場栃木支部)

① 道徳は理由が大事とは

ある授業中に、子どもの口から「道徳は理由が大事」という言葉が出ました。授業後に、彼にインタビューするとこんなことを話していました。

> 先生の授業は、自分をさらけ出せます。理由に自分らしさが出るし、理由が言えないというのは、本物の意見とは言えないですよね。みんなの意見を聞くと、その人が大事にしていることや自分になかった価値観に気付くことができます。道徳はそれが一番はっきりしています。

私の学級では、道徳の授業においても、立場を明確にした上で、理由や根拠を議論する授業形態をとっています。これは、教師のもっている答えを教え込むのではなく、対話的な学びの中で答えを見出していくことを求めているからです。彼のインタビューにもあるように、理由に自分らしさが出るということを子どもたちが理解し、議論することや対話的に学ぶことを大切にしています。

② 主体的で対話的な深い学びのある授業を目指して

道徳に限らず、授業は本来子どもが熱中するほど、本気で考える授業でありたいと考えます。子どもたちを本気にさせたければ、教師が本気になること、子どもたちを主体的に学ばせたければ、教師も主体的であるべきだし、深い学びにしたければ、教師自身が深く学ぶ必要があるはずです。私の学級には、「人を変えたければ、集団を変えたければ、自分が変わるべき」という言葉があります。教師の意識改革、行動の変容が、子どもの学びを変えると私は信じています。

教師の意識が変われば、次に見えてくるのが、実際の授業中にどう主体的にさせるか、どう対話的にさせるか、どう深い学びにしていくかということです。私は無理に何かをしようとするのではなく、人間が本来もっているアクティブ・ラーナーとしての気持ちを引き出す授業を行っています。

教室に「おしゃべりが止まらない子」や「離席の多い子」はいないでしょうか。いわゆる配慮の必要な子として、教室で問題児扱いされてしまう子たちです。この子たちは、「友達と話がしたい」「動き回りたい」だけで、教師を困らせようとしているのではありません。だからこそ、子どものもっている本来の欲求や個性を授業に生かしたいと考えています。教えやすさでなく、子どもたちにとって学びやすい授業を教師は大切にしないといけないのです。

③　子どもの構えをつくる

子どもには本来、「知りたい」「分かりたい」という知的好奇心があります。授業が子どもの知的好奇心を引き出すようなものであれば、子どもの主体的な学びへとつながっていくのです。

私が大切にしているのが、子どもに学ぶ必然性を感じさせることです。例えば、本当の友達ってどういう友達と聞くと、「どんな時も助けてくれる」「何でも話せる人」などの答えが返ってきます。しかし、子どもたちは「何でも話せる相手なんていない」とつぶやきます。「何でも話せる人」＝本当の友達という子どもたちの意識に問いかけていくと、「?」が生まれるはずです。この時、子どもたちは、心から「本当の友達」ってどういう関係なのか知りたいと思うようになります。このように、「?」を生み出すように切り返すことで、子どもたちは今日学ぶことの意味を見出し、本気で授業に参加するようになるのです。

④　道徳は生き物

決められた発問、決められたゴールの授業には、子どもたちはワクワクしません。子どもたちが本音を語ることは少ないでしょう。道徳は心の勉強。一人ひとりの心は様々で、その時の心理状況も様々です。だから、決められた授業では、ありきたりな授業になってしまうのは当たり前です。また、ゴールに向かって一直線な授業スタイルは、子どもたちに答えばかりを追い求めていくような学びをより強く意識させてしまう恐れがあります。答えを外に求める学びは、変革の多い現代社会を生き抜くには、あまりに酷なことでしょう。答えのない問いに対して、自分の心に問いかけたり、他者との関わりの中で、答えを見出したりしていくことが、これからを生きる人間を育てるということなのです。だからこそ、子どもの「?」を学習の始まりとして、子どもの口から語られる生きた言葉をつないでいくような授業を目指したいのです。

では、子どもたちの発言からどのように授業を創り上げていけばよいのか。これは、あくまで私のイメージですが、授業の軸があれば、いくら子どもの発言に対して切り返したとしても、ぶれた授業にはならないと思っています。軸とは、ここで述べた決められたレールではなく、子どもの「?」や価値項目の大本となるものです。大本に迫る授業であれば、手段は、多様であっていいと考えています。目の前の子どもに合わせた、手段や目的であってよいということです。だから、指導書通りの授業に疑問を感じているのです。

軸がしっかりしていれば、どんなルートをたどってもよい、そして着地点やゴールは本質からそれていなければ、広く受け入れる授業を目指しています。つまり、単線ではなく、複線のイメージです。また、幅をもたせたゴールの設定をするということです。

例えば、目の前にお年寄りの方がいたとき、席を譲るというのが常識となっています。席を譲るという行為には、「思いやり・親切」「勇気」「感謝」「誠実」など、一つの行為をとっても多様な価値観を含んでいます。子どもたちは様々な家庭環境やこれまでの生い立ちの中で、何を大切にし、何を学んできたかバラバラです。それなのに、答えはこれ、という価値の押し付けでは、子どもたちは納得しません。子どもたちが自分なりの答えを見出し、それぞれの見方考え方をもとにした意見であればよいと考えています。だからこそ、ゴールや答えは、幅広くもちたいと思うのです。新たな価値観の発見、価値観の再認識、さらに大きな疑問など、子どもが授業で行きつく先に自由度をもって授業をしたいものです。

⑤ 自分らしさを育てる授業とは

「自分らしさ」は、道徳の徳目でいう「個性の伸長」に当たります。しかし、道徳の授業の中で、「個性の伸長」を扱うのは、多くて2回ほどでしょう。自分自身の個性を知り、それを伸ばしていこうとするにはあまりに少ないです。だからこそ、道徳授業の基盤として「自分らしさ」を発揮することを大事にしていくのです。子どもたちが、答えを外に求めることなく、内に求めていくように育てていくのです。そのために、授業の中で4つのポイントを意識しています。

(1) 立場を決める（○か×か）
(2) 理由を考え、発表する（ペア・グループ・全体）
(3) 友達の意見を聞く（ペア・グループ・全体）

(4) よりよい意見を決める（一人学び）

「ブランコ乗りとピエロ」の授業から考えてみると、

発問一　ピエロとサムは、どちらがスターか

活動一　どちらがスターかを決め、理由を交流し、全体発表

発問二　二人の関係を図にしてみよう

活動二　二人の関係をイメージ図に表し、それをもとに自由な交流

発問三　なぜ二人の関係は変わったのか

活動三　端的にまとめた意見を交流し、全体発表

このように、45分の中で自分で考える↓伝える↓聞く↓疑問↓考える↓伝える↓聞く↓気付くというようなサイクルを何度も繰り返すことで、自分の心に問いかける機会を多くもたせます。一人では難しいことも、友達がいる学級では、自分の考えに共感してくれる子、反論してくれる子がいるから、考え続けられるのです。自分らしさは、自問自答の中で生まれるのではなく、考え続けてくれる仲間や相手の存在との対話の中で生まれてくるのです。

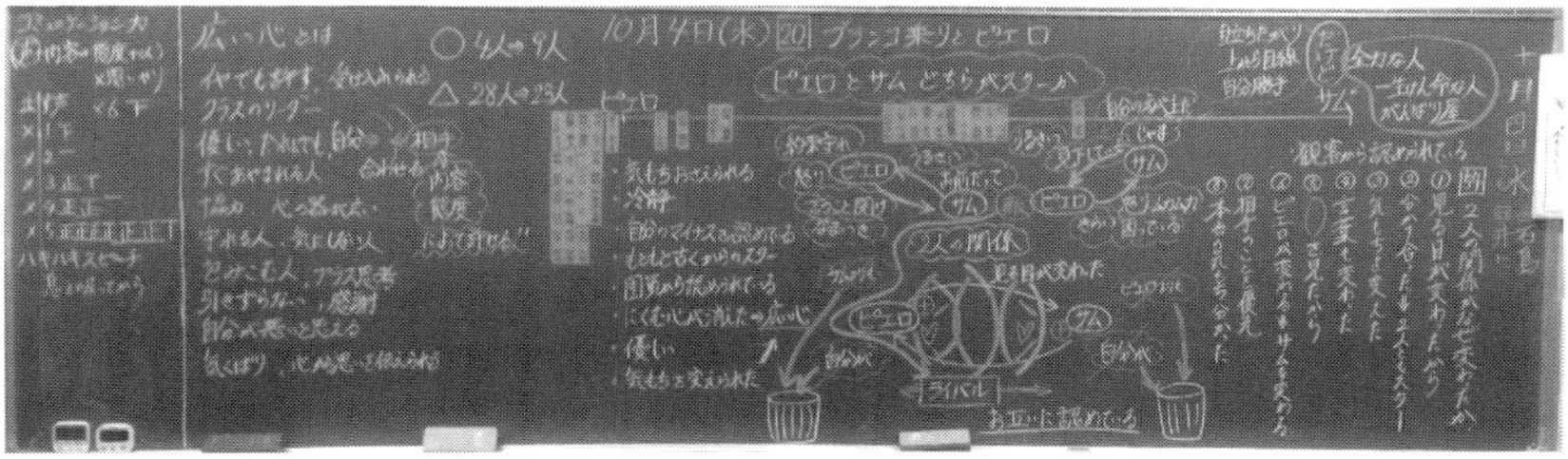

第2章

公社会に役立つ人間を育てる　菊池道場流　道徳教育【ポイント10】

8 多様な考え方を引き出し、価値ある判断をさせよう！

古舘良純（菊池道場千葉支部）

① ますます多様な社会になっていく

オックスフォード大学のマイケル・A・オズボーン准教授の論文によると、今後人間が行う仕事の約半分が機械化されるという予測になっています。我々が想像できない予測不可能な未来が、今目の前にしている子どもたちに迫っているということです。オズボーン氏は「最新の技術革新の中でも注目すべきは、ビッグデータです。これまで不可能だった莫大な量のデータをコンピュータが処理できるようになった結果、非ルーチン作業だと思われていた仕事をルーチン化することが可能になりつつあります」とも言っています。日常的に情報にあふれた世界になっていくということです。

元文部科学副大臣の鈴木寛氏は「『想定外』や『板ばさみ』と向き合い、乗り越えられる人材」や「AIで解けない問題・課題・難題と向き合える人材」、「創造的・協働的活動を創発し、やり遂げる人材」の育成の大切さを第4回菊池道場全国大会の場で話されました。

これからの教室では、様々な背景をもった子が在籍し、多国籍化も進んでいきます。多様な価値観が教室にあふれることになるのです。そうした未来はもう遠くはないのかもしれません。

② 子どもの気持ちを度外視しない

私自身がこれまで行ってきた多くの道徳授業は、ある価値項目の強化をねらうような授業でした。授業のゴールが決まっていたり、副読本の指導書を流したりするような授業でした。「この資料ではこの価値項目」のように着地点を決めつけていたように思います。

また、トラブルが起きると教師が交通整理をし、子どもたちをレールに乗せて指導していました。こうした日常の課題を、年間を見通して指導、道徳授業の中で扱うなど、「道徳教育」としてのサイクルはなかったように感じています。子どもたちの考え方や、感じ方を十分に引き出すことができておらず、子どもの気持ちを度外視していたかもしれません。

そうした指導にならないためにも、子どもたちの感じ方やものの見方、意見や考え方を引き出し、多様な価値観の中で判断させていきたいと思うのです。

先にも引用した「道徳授業原論（深澤久著）」には、「多様であるべき個人の感性を、一つの『価値項目』に当てはめようとする非人間性・野蛮さ」という言葉が出てきています。もし、鈴木寛氏の言うように、子どもたちを、想定外を乗り越えられるような人間に育てていくのであれば、一つの価値項目に向かわせるような授業だけをしていてよいわけがありません。子どもたち一人ひとりが考えを出し合い、友だちの考えを承認し、心が揺さぶられたり気持ちが変化したりする時間が必要なのです。そして、自分なりに価値ある判断ができるようになることが求められるのです。そうした時間をどれだけ過ごすことができるか、ということが大切になるのです。

もちろんそういった教育は、道徳授業だけではなく、教育活動全体で行われるべきであり、朝登校してから下校して帰るまでの学校生活全ての時間で営まれなければなりません。教師は、子どもたちの心を度外視せず、個々の内側に寄り添って道徳教育を行うべきです。

③「自分らしさ」は安心の中でこそ発揮される

菊池氏は、「理由に自分らしさが出る」と言います。ある判断をしたり、ある考えをもったりした時、意思決定に関する理由が必ず存在するはずです。しかし、人前でうまく言えない子や、「何となく」という子、本当は違うのに「同じです」と同調してしまう子がいます。そうした状況では、道徳に限らず自分らしさのあふれる授業は生まれません。

多様性を出す。つまり、その子らしい考えを引き出す時に大切にしていることがあります。①書かせる　②小さな丸をたくさんつける　③リアクションはポジティブにすることです。人前で話せないことがあっても、書ける子はたくさんいます。書けない子には、「どっちがいいかな?」など、選択させて書かせてもいいかもしれません。「どうしてそう思ったの?聞かせてくれる?」とやり取り繰り返し、書かせて丸をつけます。他の子にも、観察する中で丸をたくさんつけます。「いいねえ」「なるほどな」「うん、分かるこれ」と言いながら丸をたくさんつけます。赤ペンはほめるために使うのです。

そして、隣の子と対話させます。ただし、対話の前に次のように指導します。

> 今から考えを聞き合ってもらうんだけど、せっかく話したのに「え？」とか、「違うんじゃない？」とか、否定されたら悲しいよね。（と言いながら、前の子の肩に手を置き「うん」と言わせる。いい意味で笑いが起きる。）どうしたらいいかな。あ、そうだ、「いいねえ」とか、「それもあるなあ」って言ってもらえたら嬉しいね。もう一つ拍手もあったら盛り上がるね。じゃあ、隣の人に、「ノートに書いたこと教えてくれる？」って聞いてみよう。

「肯定的に聞いてくれる」という環境でこそ、子どもたちの中に安心感が生まれます。自分の思いを発信することができるようになります。そのために書かせ、拍手を贈り合うのです。こうした積み重ねの中でこそ、子どもたち一人ひとりが自分のもつ考え、つまり「自分らしさ」を出せるようになってくるのです。このように、多様性が認められて初めて、教室に意思決定の場面を生み出すことができます。価値ある判断ができるのです。

多様なものの見方や考え方を承認し合うことは、「話し合う」こと、「議論する」ことに発展させていくためにも必要不可欠です。お互いを認め合えない教室で、議論に発展する可能性は低いと言っても過言ではありません。

④「行動選択能力」を育てる

子どもたちに、「思いやりって大切だよ」とか「誠実って難しいね」と説くことはこれまで十分に指導してきているはずです。しかし、「分かっているけれど、できない」という子どもたちの本音の部分も大切にしなければなりません。「徳目が絶対」という考え方自体が道徳的ではないという側面ももち合わせておかなければならないのです。様々な葛藤場面での判断を繰り返す中で、行動選択能力が養われていくのです。

ですから、多様な考え方を承認し合うだけにとどまらず、「自分ならどうする」という考え方に発展させていかなければいけません。行動を選択するということは、そこにまた理由が存在することになります。その葛藤の中で、何を大切にするかという自分らしさが磨かれていくのです。

例えば、「手品師」の資料では、一般的には「男の子」との約束を選ぶか、「大舞台」という夢を選ぶかで迷うことになります。ここで、何を大切にするかを天秤にかけることで、価値葛藤が生まれます。授業の際、ある子が次のように言いました。「男の子を元気にすることも大切だけれど、明日のパンを買うお金もないのに、それは…いけないと思います。まずは、自分のことをしっかりすべきです。自分がしっかりしていないのに、男の子を幸せにすることはできないと思います」と。その子は、大劇場へ行くという判断にしました。教室には大きな拍手が起こりました。

資料の結末では、手品師は「男の子」との約束を守ります。ここで教師が、「約束は大切なのだから、手品師は約束を選んでよかったね」ということにはしたくないのです。「あなたならどうする?」という揺さぶりをかけ、人間の本音の部分に迫りたいのです。

⑤ 公社会に役立つ判断をする

子どもたちに判断させるとき、「自分はこうだから」という思い「だけ」で意思決定をさせると、「自分勝手・自分本意」な判断になりかねない場合があります。そこに、「公社会に役立つ」という視点をもたせることを忘れてはいけません。自分のもつ力を公社会に役立てようという視点に立った判断をさせることが大切です。

道徳においても、同時に存在する価値を天秤にかけ、選択・判断させます。その中で、徳目そのものの価値も高めていくことができます。考え方の違いは、「自分らしさ」であると同時に、「自分らしい生き方」となります。様々な価値ある判断を下すことは、子どもたち自身の公社会における役割を見つけたり、自分と公社会とのよりよい関係を見出すことになるでしょう。

第2章

公社会に役立つ人間を育てる　菊池道場流　道徳教育【ポイント10】

9 内側の白熱を促す「成長ノート」に取り組もう！

加倉井英紀（菊池道場福島支部）

① 成長ノートとは

「成長ノート」とは、菊池氏の代表的な実践の一つです。「成長ノート」について、「人間を育てる【菊池道場流】作文の指導（中村堂）」の中で、次のように書かれています。

「教師が全力で子どもを育てるためのノート」です。担任である教師が、子どもを公（社会）に通用する人間に育てようと、自分の信じる価値観をぶつけ続け、それに子どもが真剣に応えようとするノートです。菊池道場では、この成長ノートを核として、言葉の指導を行い、その指導を通して人間を育てようとしているのです。「成長ノート」には、子どもを変える力があると確信しています。「成長ノート」を通して、子どもたちは新しい自分を見つけていきます。未来を信じて、より自分らしく生きていこうとするのです。

公社会に役立つ人間を育てていく道徳教育において、欠かせない活動の一つなのです。

② 大切にしたいこと

成長ノートを活用していく上で大切にしたいポイントを4つ紹介します。

(1) 教師がテーマを与える

「よし！成長ノートをやってみよう！」と思ったあなた。そのやる気で始めようとする際、「なぜ、子どもたちに作文を書かせるのか？」ということをしっかりと理解しておく必要があります。公社会に役立つ人間を育てていくという意識を強くもって、子どもたちに作文のテーマを示したり、指導にあたったりしなくてはいけません。その思いがなく続けていっても、マンネリ化につながってしまいかねません。教師が「公の価値」を子どもたちに教えることが基本です。子どもたちに、「成長ノート」の価値を伝えることも大切です。

(2) 「質より量」をめざす

自分の思いを文字にすることは、書き始めの頃、抵抗感を示す子どもも少なからずいることでしょう。そんな時は、教師がその子の作文の続きを書いてあげればよいのです。教師の肯定的なコメントで励ましたり、作文をみんなの前で取り上げて称賛したりすることで、少しずつ書くことを苦にしない子どもに育っていきます。圧倒的な子どもたちの修養だと言えます。もちろんこれは、中間目標です。作文を書く技術向上が目的ではありません。あくまでも公社会に役立つ人間を育てることが真の目標なのです。教師がぶれずにもっていたい覚悟の部分です。

(3) 教師の赤ペンはほめるために入れる

子どもたちの作文に赤ペンを入れる際、教師が心掛けておきたいことは、子どもたちが書いたものを認め、できるだけたくさんほめるということです。子どもが書いた作文から、不可視の変容を深読みしていくのです。作文を書いた子どもの心を全力で理解しようとする強い覚悟をもつことが、子どもたちの成長につながっていくのです。誤字・脱字にばかり指導の重点をおきすぎないことが大切です。

(4) 年間を通して取り組む

成長ノートを核として、公社会に役立つ人間を育てるべく指導を行っていきますが、それは、一朝一夕で身に付くものではありません。子どもは常に変化・成長していくものであるという思いをしっかりと教師がもち、1年間という期間の中で戦略的に子どもたちの成長を促していく必要があります。

以上の4つのポイントは、公社会に役立つ人間を育てるための成長ノート活用の重要な視点です。これ以外にも、前述の「人間を育てる【菊池道場流】作文の指導」には、大切にしたいポイントが詳しく述べられていますので、詳しくはそちらを参考にしてください。

③ 具体的なテーマ

「いったいどのようなテーマで成長ノートを書かせたらよいのか?」という質問をよくされます。ここでは、1学期、2学期、3学期と、学期ごとのテーマについて紹介します。

1学期は、「1年間の心構えをつくること」や「学習規律を調えること」、「基本的な生活の在り方」などをメインとしてテーマを設定していきます。教師と子どもたちとの信頼関係を築くこともねらいとします。以下は、6年生の学級で取り上げたテーマです。

- 新年度の目標
- キャプテン(リーダー)とは
- 最近の言葉遣いについて
- 話し合いで身に付く力とは
- 6年生1週間を振り返って成長したところ
- リーダーとしての姿に近付くために取るべき行動とは
- 教室にあふれさせたい言葉となくしたい言葉

2学期は、子ども同士のつながりを強くしていくことを意識したテーマを設定していきます。学級集団としての成長が、個人の成長にもつながっていきます。テーマは、主に友達関係や学級全体に関わることが中心になります。

・本当の友達とは　　・クラスの課題は
・○○のよいところ
・○○（行事名）は自分と学級をどのように成長させたのか
・○○（行事名）で成長したことをどのように次につなげていくのか

3学期は、テーマの抽象度を上げていきます。ポイントは一人ひとりの内面に迫ることです。「自分」という存在を様々な視点で考えさせ、教師は、一人ひとりの成長の事実をもとに温かいコメントを返していくのです。

・この学級の空気はどのようなものか
・この学級はどのくらい学級目標に近付くことができたのか
・1年間を振り返って成長したところは
・成長ノートは私の何をどう育てたのか

③ 成長ノートで育った姿

成長ノートは、単純な繰り返しではありません。「公の価値についての指導→活動→振り返りの作文→（読み合う活動）→教師のコメント」というように、子どもが公の価値について深く学ぶ流れを創り出していきます。言い換えれば、その活動の目的は、道徳性を養うことそのものです。これを年間百回程度行っていくのです。変化のある繰り返しは、子どもたち一人ひとりの心を耕し、人間性を磨いていく効果を生み出していきます。

下の成長ノートを書いた児童は、責任感はあるけれど消極的な女の子でした。出会った4月当初は、自分をなかなか出すことができず、成長ノートにも自信がないような記述が多く見られました。前向きさがあまり感じられませんでした。成長ノートでのやり取りの中で、私は、極微の変化を励まし、責任感ある行動を認めることで、少しずつ信頼関係を築いていきました。10月頃になると、他者意識が高まり、相手を考えた行動や思いが多く見られるようになってきました。これこそが、成長ノートを通して培われてきた力なのです。

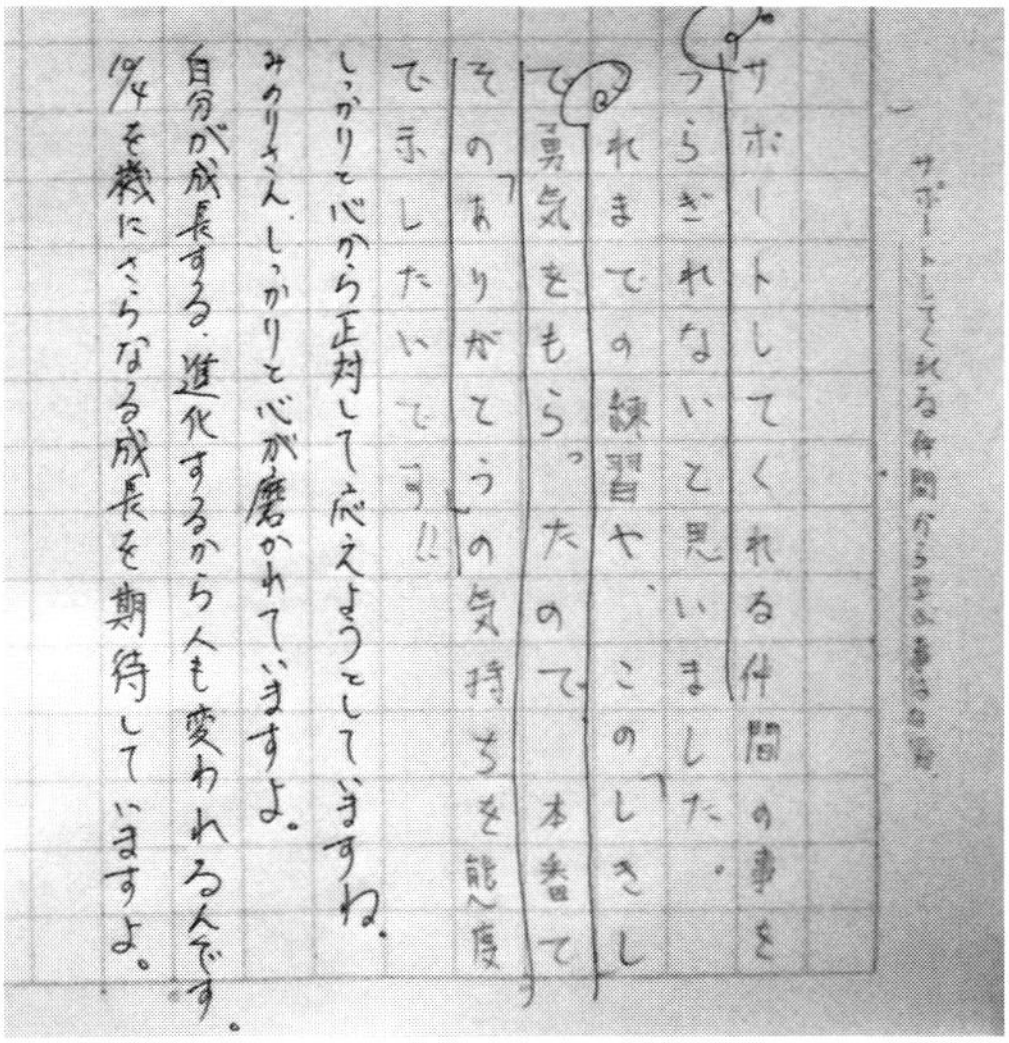

第2章

公社会に役立つ人間を育てる　菊池道場流　道徳教育【ポイント10】

10 人としての在り方を示す後ろ姿の教育も実践しよう！

中村啓太（菊池道場栃木支部）

① Mさんの清掃の姿

学校の中でもっとも、美しくありたい「玄関」を清掃場所として担当していたMさん。Mさんは、道徳「消えた紙くず」の授業の後、清掃との向き合い方が変わりました。誰よりも働くことはもちろんのこと、お客様が来校してすぐ歩き始める廊下を人一倍美しくしようと働き始めました。

ある時、「違和感のある1枚のタイル」を見つけました。Mさんが黙々と磨き上げた1枚のタイルです。汚れくすんだ廊下の一部が見事にそこだけ美しく磨かれていました。それから、毎日のように廊下を見に行くと、少しずつ磨いた跡が増えていました。しかし、きれいに正方形に磨かれているのではなく、まだら模様のように磨かれた跡がありました。気になって、清掃担当の先生に聞くと、低学年の子も真似して始まったというのです。

このMさんの清掃する姿から、子どもを変えるのは、憧れや後ろ姿だと

いうことを痛感しました。身近なモデルとなったMさんを見た低学年の子どもたちが、「かっこいい、真似してみよう」と心から感じて、動いたのでしょう。子どもたちは、身近な人の生き方や振る舞いから学ぶのです。道徳教育において、道徳の授業は間違いなく柱となるものです。しかし、道徳をしたから、清掃を人一倍頑張るということではありません。Mさんのような生きた教材こそが、本当の教育なのです。

「清掃はしっかりやろうね」といった、学校現場に飛び交う言葉。言葉の力を超えた後ろ姿の教育こそ「感化」という言葉がぴったり当てはまります。学校に「感化」を生み出す。これこそ、道徳教育の大きな力であり、最も難しいものではないでしょうか。

② だからこそ、ノンフィクション

私は、道徳の時間以外に朝の時間を使ってミニ授業を行います。授業といっても、読み、書き、計算といった学習ではなく、前日の子どもの様子や学級の様子を紹介する時間です。

Mさんのこともミニ授業で取り上げました。黒板に、「違和感のある1枚のタイル」の写真を貼り、Mさんの内面の美しさや彼女の成長について考えました。よいことをしたらほめられるという表面的なことを目的にしたわけではなく、純粋にMさんの行為が美しいということを学級の仲間に知ってほしかったのです。身近な友達の美しさや成長は、子どもたちにとって大きな感動を生みます。

清掃は大切ということを理解するよりも、もっと根底にある「心の美しさ」という強いインパクトを与えます。こういった、教師のスタンスは悪いことを禁ずる守りの指導ではなく、正しいことを称賛していく、攻めの指導なのです。

翌日、朝からボランティアで廊下や階段を清掃する子が現れました。道徳の授業では、見られない子どもの純粋な反応は、教室や身近な事実やドラマがあったからです。一人ひとりの価値ある行動は、生きた教材となります。教室に多くのドラマやエピソードが生まれ、教師が価値付けていくことで、ミニ授業という些細な10分が、子どもの心を揺さぶる大きな時間となっていくのです。

③　頭でっかちよりも心でっかち

これまで、たくさんの授業を参観してきました。特に、授業力を磨こうという意識で、附属小学校などの授業が参観できるとなれば、足を運んできました。そこで、よく耳にするのが、「うちの学校はこんなに賢くないから、無理ね」「そもそも優秀な子が集まっているんだから当たり前よ」―こんな会話です。違和感しか覚えません。確かに賢いかもしれない。学ぶことに真っすぐな子どもたち、先生の話を一生懸命聞く姿、玄関で参観者を待ち構え、教室まで案内してくれる学校の子どもたちもいました。賢いからではなく、心が育っているからだと確信していました。その頃から、学校教育において、「心を育てる」という意識が自分の中の教育観の大きな柱となりました。

よく、子どもたちに話をします。「心が一番」と。教科教育においても、子どもの内面を重視します。自分が課題を解決したら、友達に教えること。人に教えることは二度学ぶこと。教えられる側の姿勢を大切にすること。こういった、数値化できない、心の大きさを大切にしています。数値化できないけれども、可視化することができるのが行動です。心でっかちな子どもの行動で、教室や授業を道徳的に変化させていけると私は思います。

④　教師自身の心の修養

Mさんの事実から、後ろ姿の教育について触れましたが、学級の子どもたちが一番見ているのは教師です。教師の後ろ姿を見て、学校生活を送っています。だからこそ、教師は教壇に立つことや子どもの前で語ることについて、覚悟と責任を負わなくてはならないのです。友達を大切にしなさいと教えるのであれば、教師は子どもや同僚を大切にしなければならない。新しいことにチャレンジすることは大切と教えるのであれば、教師自身もチャレンジしなければいけないと思うのです。

常に、自分は子どもたちに教えていることができているのかと、自問自答しながら生活しなければならないのです。「大人だから、先生だから」というのは、通用しません。教師が心を磨くことで、子どもたちにも伝わり、教室の中に強烈な感化を生み出すのです。だから、子どもに恥ずかしくない生き方をしているのかと、自問自答していきたいのです。

⑤ 美点凝視の修養

教師の修養として、私が行っているのが子どものよさを記録していくことと、一枚の写真からという取り組みです。毎日、10分間座席表に向かって、その日1日の子どものよさを記録していきます。ここでは、できるだけ多くの子どもに対して、事実を書くようにしています。子どものよさをどれだけ見つけられるかという修養です。これは、子どもに対する肯定的な見方を常に意識させるために行います。座席表に記録していくことで、量的な面が一目瞭然です。少なければ、教師自身が子どもを見ることができていないとも言えるし、子どものよさを引き出すことができていないとも言えます。座席表の記録から、翌日や翌週からの子どもとの関わりにも生かすことができます。

次に、1枚の写真からの取り組みでは、その日一日の象徴的な出来事をもとに30分間価値の深掘りを行います。「なぜ、○○さんは教室に来られるようになったのか」というような深掘りするためのテーマを設定し、A4 1枚に箇条書きにします。座席表の記録が事実の記録であるの対して、不可視の部分、内面や空気感といった物事を深く見ていく、教師のみる目を修養する取り組みです。

このように、可視と不可視をみる教師の目を養うための修養こそが、美点凝視できる教師の支えとなる部分です。教師のみる目がそのまま子どものみる目になります。一つの物事を多面的、多角的に見ることができる子どもは、多面的、多角的に物事を考える子どもへと成長していくのではないでしょうか。

⑥ 逆転現象

6年生にもなれば、子どもたちの中に学力や運動能力を基準にした上下関係が存在してきます。その人間関係のピラミッドは固定化し、簡単に覆すことはできません。勉強のできる子や運動のできる子が教室の中心人物となり、リーダーシップを発揮するのは、ピラミッドの上位にいる子です。教師であれば、学級の一人ひとりが輝く、温かい人間関係の築かれた学級をめざしているのではないでしょうか。道徳は心の面で、固定化した上下関係を覆すことができると私は思います。

昨年度、Rさんがいました。彼は、決して学力の高い子ではなく、4月当初は、全体の中に埋もれてしまっている一人でした。そんな彼が「道徳の神様」と、友達から一目を置かれたのが、いじめについて考える道徳の時間でした。いじめる側、いじめられる側、傍観者といった立場から、子どもたちがそれぞれの意見を発表する中、Rさんが「いじめは絶対に許さない。いじめをしている人がいたら、何があっても助けるんだ。僕は絶対そうする」涙ながらにみんなに思いを伝えました。正論です。でも、それが難しいから子どもたちも悩みながら、本音を語っていました。そんな中、Rさんの真っすぐな本音が教室を大きく揺さぶりました。この日から、Rさんのことを「道徳の神様」と呼ぶようになりました。学級の空気自体も、Rさんのような心を大切にしたいという空気に変わっていたのだと思います。人間性を重視した教育の中では、学力や運動能力といった尺度ではなく、もっと人間として重要な人間性や内面を尺度にした関係性が構築できるのです。

第3章
「考え、議論する」道徳授業づくり

第3章 「考え、議論する」道徳授業づくり

1 考えるということ

古舘良純（菊池道場千葉支部）

①「考える」ことの解釈

考え、議論する道徳授業を生み出し実践していく上で、「考える」こと、「議論する」ことについて、自分なりに解釈しなければなりません。この場では「考える」について述べていきます。

「小学校学習指導要領解説　特別の教科　道徳編」には次のように書かれています。

「特定の価値観を押し付けたり、主体性をもたず、言われるままに行動するよう指導したりすることは、道徳教育が目指す方向の対極にあるものと言わなければならない」、「多様な価値観の、時に対立がある場合を含めて、誠実にそれらに向き合い、道徳としての問題を考え続ける姿勢こそ、道徳教育で養うべき基本的資質である」との答申を踏まえ、発達の段階に応じ、答えが一つではない道徳的な課題を一人一人の児童が自分自身の問題と捉え、向き合う「考える道徳」、「議論する道徳」へと転換を図るものである。

この文章から、「道徳的な問題を考え続けること」が大切であり、「問題とは道徳的な課題」であるとも捉えられます。それに対して子どもたちが「どう向き合うか」を設定していくことが、「考える道徳授業」のポイントです。

②「自分ならどうする？」という視点をもたせる

「考える」と言っても、子どもたちは日常生活の様々な場面で「考えて」います。「朝読書はどの本を読もうかな」「次の授業は算数だったかな」「給食のメニュー何だろう」「帰ってから何をして遊ぼうか」など様々です。しかし、これらの「考える」は、学習指導要領解説における道徳の「考える」とは少し違うように感じます。もっと、価値項目について様々な角度から解釈してみたり、立場を変えて意見を生み出してみたりすることで、思考の深さを出す。多角的・多面的にものごとを見直す。それを踏まえた上で、自分の言葉で思いを語ることができるようになっていくと、子どもたちの心に価値がじんわりと染み込むような「考える授業」に向かうのではないでしょうか。

また、対立するような価値を天秤にかけ、モラルジレンマ的に価値比較をするような場面を生み出すと、価値の相互理解が深まり、考えが促されるでしょう。さらに、子どもたちの実生活に即した場面を提示することで、「自分ならどうする」と、考えさせることもできます。二者択一の選択を迫られたとき、道徳でねらう「考える」ことが促されるのです。

③「考える」ステップ

では、道徳授業で考えを促すためには、どのようにすればよいのでしょうか。そのステップについて示していきます。

菊池道場としては、「菊池省三が考える『授業観』試案」のAの柱のてっぺん（下図）に書かれている「考え続ける人間」を常に意識しています。「考える」にとどまらず、「考え続け」なければいけないのです。最終的には「個人で考える」ことを大切にしていきます。公・社会に役立つことを我々教師が願うのであれば当たり前のことです。そのステップとして以下の①〜④のような場面があります。試案図（右）にある通り、①個人、②グループ、③全体、④個人での振り返りなどです。人数や立場、規模が変わってきます。そして、キーワードとして「自由な立ち歩き」が出てくるわけです。「対話・話し合い」を促していくためです。「対話・話し合い」に関して言えば、試案図②（下図）における「全教科・全領域の指導の中でみんなと対話をする経験」にもつながっていきます。「考える」ことは、段階を踏んだ思考場面や対話・話し合いを通してアクティブ・ラーナーを育てると言ってよいでしょう。

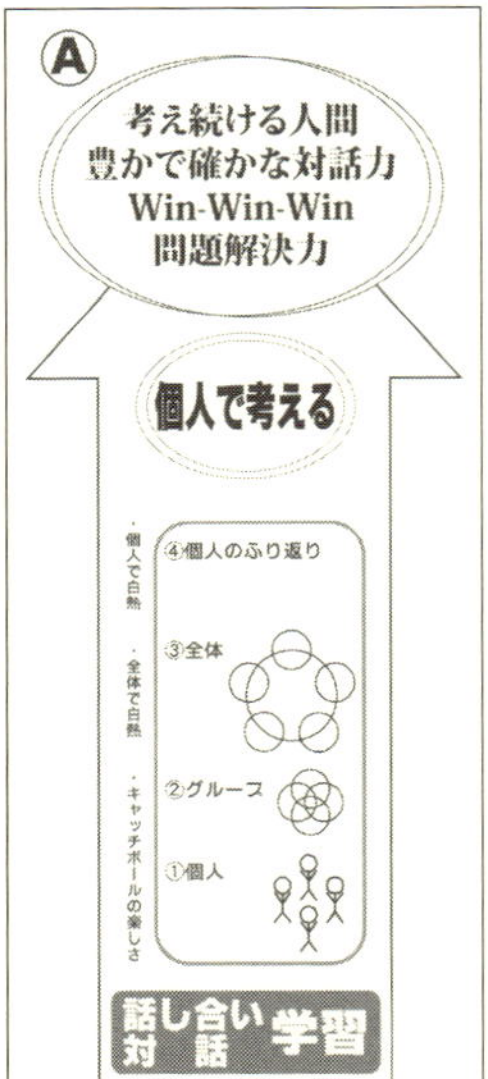

1年間を見通してアクティブ・ラーナーを育てる指導の3つの方向性

① 全教科・全領域の指導の中で
みんなと対話をする経験

② 主に総合的な学習の時間を柱に
誰かに提案する経験

③ 主に係活動を中心とした特別活動の領域で
みんなを巻き込んで活動する経験

※「『授業観』試案」の全体像は、本書212・213ページを参照

(1) 個人で考える

まずは一人で考えていきます。教師の発問に対して、自分なりの考え方をもつことです。全員が考えをもち、理由を書き出す。そこから始めていきます。

個人の考えがなければ、対話的にはなりません。双方向ではない、一方通行になってしまいます。参加者意識が低く、授業に臨む態度が変わってきます。立場を決めたり、意見をもったりすると、子どもたちは自分の意見を大切に思い、そこに理由を生もうとします。まずは考えをもたせることが必要なのです。そのために、第2章で示してきたような日々の圧倒的な積み上げが必要なのです。

では、個人に考えをもたせるような方法（問い）をいくつか紹介します。

・○か×かを選択させるような問い

（例：花子さんは、学校のチューリップをとって帰りました。○か×か）

・行動選択をさせるような問い

（例：修学旅行の夜、就寝時刻を過ぎても盛り上がっている部屋で、あなたは寝るか寝ないか）

・抽象度の高い言葉に対してイメージを膨らませるような問い

（例：家族にとって一番の「幸せ」とは何か）

・日常的に使う言葉の意味を改めて考えるような問い

（例：ルールとは何か・本当の友達とは何か）

こうした問いをつくりながら、子どもたちに個人で考えさせていきます。その中でも、議論に発展しやすい問いは最初の2つです。○か×かを問うものと、行動選択をさせるものです。この2つに意見が分かれるような問いは、子どもたちが授業の中で主張し、反論し合うことに発展するので、理由をしっかりと考えようとします。「立論する意識」が高くなるのです。

この個人で考える場面では、次のような言葉をかけて理由を書かせていくと、子どもたちの思考が活発になります。これは黒板の5分の1の価値語指導にもつながっているものです。

・思いついたことは全て書こう。数字もつけてナンバリングしよう。
・理由に自分らしさがでます。考えは一人ひとり違って当たり前です。同じである方がよほど不思議です。
・理由は文章に書いてあることや、自分の経験から見つけてみよう。
・困った時は、辞書を引いてみよう。辞書を引くくせをつけよう。
・すごいなあ、もうこんなに書いてる。まずは質より量です。
・だらだらと書きません。「〜です」とズバッと書いてみましょう。
・決断が速い!でも、あとで変わってもいいからね。意見は変わるものです。

(2) グループで考える

個人で考えた後、「隣の人に、『何て書いた?』と聞いてみましょう」と指示を出すだけで、二人で考える時間になります。最初はうまくいきません。でも、何回も繰り返します。私も、4月は1日20回を目標に対話させてきました。そしてその都度、子どもたちの行為を意味付け・価値付けし、ほめ、認め、励ましてきました。

こうして、書いたことを伝え合うだけの時間も、年間を通して繰り返すことで圧倒的な思考量を生み出すことになります。「友達に聞かれたら答えなければならない」からです。ノートを読んでいるようでも、子どもたちは同時に考えています。それを繰り返すことで、ノートの言葉なんてお構いなしに話し始めるようになります。

2回目以降の対話を「班の友達にも聞いてみましょう」とするのもよいでしょう。この時、子どもたちに、「いいなと思った考え方は赤ペンで書き加えましょう」「確かにそうだなと考え直したら訂正しておこう」と指示しておきます。友達の意見を聞いて書き加えることも、考えるからこそできることです。

こうした活動を繰り返していくと、ノートに赤が増えていき、友達の意見を聞くことの大切さを実感していきます。友達と意見を共有し、考え合うことのよさを実感するのです。

これらのやり取りは、お互いの意見がお互いに役立ち合うことの実感につながります。教師が子どもたち同士の存在を認め合うように価値付けていくことで、「考え合う」ということによりポジティブな意識が生まれます。

また、ペア・グループで考えていく際は、隣の席の友達だけに限らなくてもよいでしょう。「前後の人と」「斜めの人と」「立ち歩いて班以外の人と」と規模を拡大することも有効です。「自由な立ち歩き」です。同じ内容の対話でも、相手が違えば新しい考えが生まれます。それが、「考え続ける」ことにもつながります。「あの子は何て書いたんだろう」「私と同じこと考えていた」という事実に出会うのです。そうして、相手を通して自分の考えを整理していくことを学んでいくのです。

○グループで考える場
・ペアで考える（隣・前後・男女2人ずつなど）
・班（グループ）で考える
・立場が同じメンバーと考える（意見拡大の場）
・立場が違うメンバーと考える（反対派）
・フリーにして考える（場合によっては一人）

○指導のポイント
・1往復半の対話で理由まで聞かせる
・新しい考えや、共感する考えは成長ノートに赤で加えさせる
・人を変えて、少人数の話し合いを繰り返す
・考え合う様子を意味付け・価値付けする

(3)　全体で考える

ペアやグループなど、少人数の話し合いを通して考えた後は、全体で意見を浮き彫りにしていきます。基本的には、自由起立発言で行います。菊池氏は、対話・話し合いのある授業の定義として、「①少人数の話し合いを繰り返す　②黒板を子どもたちに開放する　③教師が子どもたちの視界から消える」ということを示しています。できる限り、この全体の場も、教師が視界から消えるようにしていきたいものです。

※詳しくは、「『白熱する教室』第6号　特集『対話・話し合い』のある授業をつくろう（中村堂）」を参照してください。

全体で考える時、「全員席に着かせて行う場合」と「少人数で集まったまま行う場合（下写真）」があります。考え方が多様で、整理したい場合には前者で行い、ある程度立場が明確で対立構造がしっかりしている場合は後者で行います。その方が、チーム感が出て議論も白熱しやすいからです。同時に、「黒板が前」ということではなくなるので、教師も視界から消えやすくなります。全体で行うと、自分の考えが立論としてどの程度しっかりしているものなのかが分かります。相手の考えを聞いて整理する時間もあります。立場の人数比も見え、より戦闘モードに

もなります。何より、議論のやりとりが板書で可視化され、全体の流れが見えます。子どもたちの思考を整理することができます。

「全体で考える」というと、どうしても教師が間に入って発言を引き出し、オウム返しするような場面を想像してしまいます。教師の考えている授業の流れに軌道修正したり、「いい考えだな」と思う子に発言させ、みんなを丸め込んで授業を終えたりすることも少なくありません。もちろん、私もその一人でした。ですから、いくら対話的に話をさせても、少人数で話し合いをさせても、全体で考えようとすると「シーン」となってしまうことがありました。どこか、「絶対解に向かう空気」が自分自身から出ていたのだと反省しています。ダイナミックな話し合いに発展することや、子どもたちが教師の手を離れて考え続けていくことに、ためらいを感じていてはいけないと強く思うのです。

○全体で考えるときのポイント

・目的に合わせて場を設定しよう（席に座らせることが全てではない）
・教師が視界から消えるようにしよう（年間を通した自由起立発言の定着）
・自由起立発言は、少数派の意見から言わせる
・質問や反論は、意見（主張）から引用して言わせる（「〜と言っていましたが…」のように）
・常にメモを取らせる（少人数の意見は赤、全体の考えは青で書かせ、考えを可視化する）

⑷　個人で振り返りをする

ここまで、⑴〜⑶のステップをふめば、子どもたちの考えはかなり深くなっています。変わったり強くなったり様々なはずです。しかし、多くの授業ではこの「個人の振り返り」が少ないように感じています。菊池氏の言う「よくて⑶の全体まで」ということです。

それは道徳に限らず、各教科においても同様です。研究授業などを見せていただくと、紙面には、最後の場面で「感想を書く」などの言葉が書かれているにも関わらず、授業中盤に時間がかかり、この時間がカットされることがあります。その度に、残念だなと思ってしまいます。この最後の時間が、子どもたちにとって一番考えを書ける時間だからです。

⑴〜⑶の時間に、きちんと自分の考えをもって授業に臨んでいれば、「感想を書きましょう」という簡単な指示でも書くことができるのです。友達と対話したり、全体で話し合ったりする時間は、考えが揺れ、有意義な時間です。子どもたちも教師も楽しさを感じます。しかし、考える、考え続けることを目的にしている以上、「個人で振り返る」時間を設定することは道徳授業において必要不可欠です。考えぬいた子どもへの礼儀とも言えます。

私は授業をつくる時に、最後の10分程度は感想（本時に対する振り返りや、その時間に考えたこと）を書く時間を確保します。7分間の成長ノートと、3分間の発表時間です。もし発表までたどり着けなくても、5〜7分間の成長ノートへ向かう時間だけは確保すべきだと考えています。

第3章

「考え、議論する」道徳授業づくり

2 議論するということ

古舘良純（菊池道場千葉支部）

① なぜ議論するのか

この項では、「議論する」ことについて考えてみましょう。教室に子どもが30人いたら、30通りの考え方があるはずです。子どもたち一人ひとりの考え方は違うのです。もし似たような意見だったとしても、理由まで一字一句同じということはないはずです。引用した部分が違ったり、個人のもつ経験は背景が全く同じだったりということはありません。「なぜ、そう思ったのですか」「でも、私はこう思うんですよ」というやりとりで、その細かな部分を明確にしていくのです。

考えを少しずつ聞き合い、擦り合わせる。その違いをより細かいレベルで明らかにしていく過程で、違いを認め合い、お互いが理解し合う。それが、議論していくということではないでしょうか。

同じような意見の人同士は、「そういう考え方もあるね」「私の言いたいことはそういうことなんだよ」と、より強い意見をつくる議論になります。また、異なる考え方をもつ人同士の議論では、「そう考える根拠はどこ？」「なぜこっちじゃなくて、そっちを大切にしたいの？」と、自分の考えとの差を認識し合う議論になります。子どもたちは、議論を通して、ものの見方や考え方、解釈を豊かにしていきます。相互に承認し合うのです。

学習指導要領において、道徳教育の目標は次のように示されています。①自己の生き方を考え②主体的な判断の下に行動し　③自立した人間として他者とともによりよく生きる　という3つの方向性です。これは、本書で菊池道場として主張する「公社会に役立つ人間を育てる」という考え方と同様です。特に③においては、道徳授業における議論なくしては成り立たない目標です。

熊本大学教育学部准教授の苫野一徳氏は「教育の力」で次のように述べています。

> 公教育とは何か。以上から、わたしはその答えを次のように定式化しています。すなわち、「各人の〈自由〉および社会における〈自由の相互承認〉の、〈教養＝能力〉を通した実質化」。つまり公教育は、すべての子どもに、〈自由〉に生きるための〝力〟を育むことを保障するものであると同時に、社会における〈自由の相互承認〉の土台となるべきものなのです。（中略）たとえ価値観や感受性がひどく異なっていたとしても、それが自分や他者の〈自由〉を著しく侵害するのでない限り、承認する。好きになれなかったり、共感することができなかったとしても、そのことを理由に相手を否定したり攻撃したりするのではなく、ひとまず承認はする。教育は、子どもたちにこのような〝感度〟を育むことで、〈自由の相互承認〉を原理とした社

会を実質化していく使命を担っているのです。「教育の力　p.24-26（講談社現代新書）」

この言葉から、他者とともによりよく生きるために、まずは〈自由の相互承認〉が必要であると考えました。子どもたちは、考えが違うことで相手を攻撃したり、仲間外れにしてしまったりすることが少なからずあります。自立した個が確立されていないために起こるものと考えられます。

ですから、いじめ問題を解決する一助にするためにも、まずはお互いの考え方を認める。相手そのものを認める態度が必要になります。同時に、自分自身の考え方や行動を律する力が必要になります。議論する上で、相手を頭ごなしに批判したり、相手そのものを否定したりするようなことはあってはなりません。社会を担う健全な市民を育てるという視点を忘れてはならないのです。

議論するということは、道徳的価値に迫る視点をもちながらも、「公社会に役立つ個の確立」を促すために行っていくことが大切です。徳目・知識への力点が置かれすぎていた従来の道徳に、個の確立を促すという意識を強く合わせもち、議論を活発化させていかなければならないのです。

②　議論するステップ

「議論する」ことは、大人であっても難しいことです。それを子どもたちに課そうとすること自体難しいのではないかと考えています。しかし、菊池氏は次のようにも言っています。「話し合うことが難しいのではなくて、考えが違う人と話すことが難しいのだ」と。

つまり、考えが違う人とも、望ましいコミュニケーションの仕方ができれば議論していくことができる。議論させていく方が、逆にシンプルであると考えます。

議論する場合には、次のような議論の３本柱があります。

○考えたことを、根拠を伴って話すこと（立論）
○相手の立論に対して思ったことや考えたことを質問すること（反論）
○質問されたことに対して、説明すること（応答）

そして、これらのやりとりを活発化させるためにも、「自由な立ち歩き」が必要です。これらは、学びに向かう空気づくりや態度目標を示すための価値語指導などがあってこそ成り立つものです。（第2章の【ポイント10】参照）しかし、この立論→反論→応答の中でも、コミュニケーションに関する指導を加えることも可能です。

では、議論の３本柱を使った議論のステップを紹介します。


⑴二人組（少人数）で議論するステップ　※「2」は、AとBの両方を表しています。

基本的に、少人数での対話・話し合いの場で議論を進めていきます。自分の立場とは違う考えをもつ友達と議論すると考えてください。

2：よろしくお願いします。（握手）

A：私は○（肯定派）です。なぜなら、～と考えるからです。「立論」

B：確かにそうですね。でも、Aさんは、さっき～と言っていました。それは、～ではないですか？

「反論」

A：それは、～なので、～です。Bさんはどう考えましたか？「説明」

B：私は×（否定派）です。なぜなら、～と考えるからです。「立論」

A：それは分かります。Bさんは、どの文章からそう考えたのですか？「質問」

A：それは、ここに書いてあるので、～だと考えました。「説明」

2：ありがとうございました。（握手）

これは、あくまでも基本形です。自分の考えた内容を、根拠を伴って話すこと。それに対して、主張の弱い部分を尋ねていくこと。尋ねられたことに対してきちんと説明していくこと。そうした流れを、順番を守って交互に行っていくことが、議論する最初のステップです。

もちろん、「違うな」と思っても、まずは「認める」という自由の相互承認の意識をもたせることや、多様な考えが出てくることを前提としています。こうした少人数の議論のステップを何度も繰り返すことで、議論することに慣れさせていくのです。

また、段階を追って、次のような言葉掛けをしていくこともあります。

「主張には、必ず根拠があります。理由を述べましょう」
「反論するときには、相手の言葉を引用して話しましょう」
「相手が答えてくれたら、それにまた質問しましょう。連続質問します」
「少しでも疑問があったら、『例えば？』『つまり？』『もうちょっと詳しく』と聞きましょう」

こうした言葉掛けの中で、子どもたちの議論を少しずつかみ合うようにしていきます。特に、引用して話をさせることは、相手の言葉を聞き、考えのもとにしていくので、議論に一本筋が通るようになります。

(2) 教師が入ってつなぐステップ

少人数の中で議論した後は、学級全体の考えを浮き彫りにして授業を進めていくことになります。

「Aさんはどう考えましたか」「何かAさんに質問したいことはありませんか？」「Bさんどうぞ」

「なるほど、Aさんはどうですか?」のように、子どもたちの考えを引き出したり、整理したりするような授業です。多くの道徳授業は、こうした、教師が間に入って行われている授業ではないでしょうか。もしかしたら、こうした授業だけの学級もあるかもしれません。教師がつなぐ授業のメリットは、少人数で行われていた議論のスピードが落ちるので、思考する時間がきちんと確保されることにあります。また、より多くの友達の考えを聞いて議論することができることもよさの1つです。教師が、考え方やそれに対する反論を構造的に板書していけば、思考を整理しやすくもなります。(※本書114ページ参照)

しかし、どこか「議論」とは違う感覚を受けます。子どもたち同士の距離が遠いのです。物理的な距離もそうですし、それに伴う心の距離も遠いと感じます。きっと、同じ内容のやりとりをするにも、教室の端と端では「白熱」には向かわないと考えます。頭を突き合わせて行う議論だからこそ、「白熱」が促されるのです。そのためにも、やはり「自由な立ち歩き」がキーワードになります。

次ページの板書と発問1~3の流れは、菊池氏が実際に行った授業です。議論が活発に行われる授業構成だと考えます。「15分3パック授業構成」と呼んでいます。これは、「一本のチューリップ」という資料で行われました。第5章における授業の実際でも、この構成を参考にしています。個々が考えをもつ→立ち歩きの中で議論する→席に戻ってさらに考える→また自由に立ち歩いて議論するという基本的な流れになっています。この授業構成で行うと、これまで書いてきたような、①二人組（少人数）で議論するステップ　②教師が入ってつなぐステップの両方が可能になります。

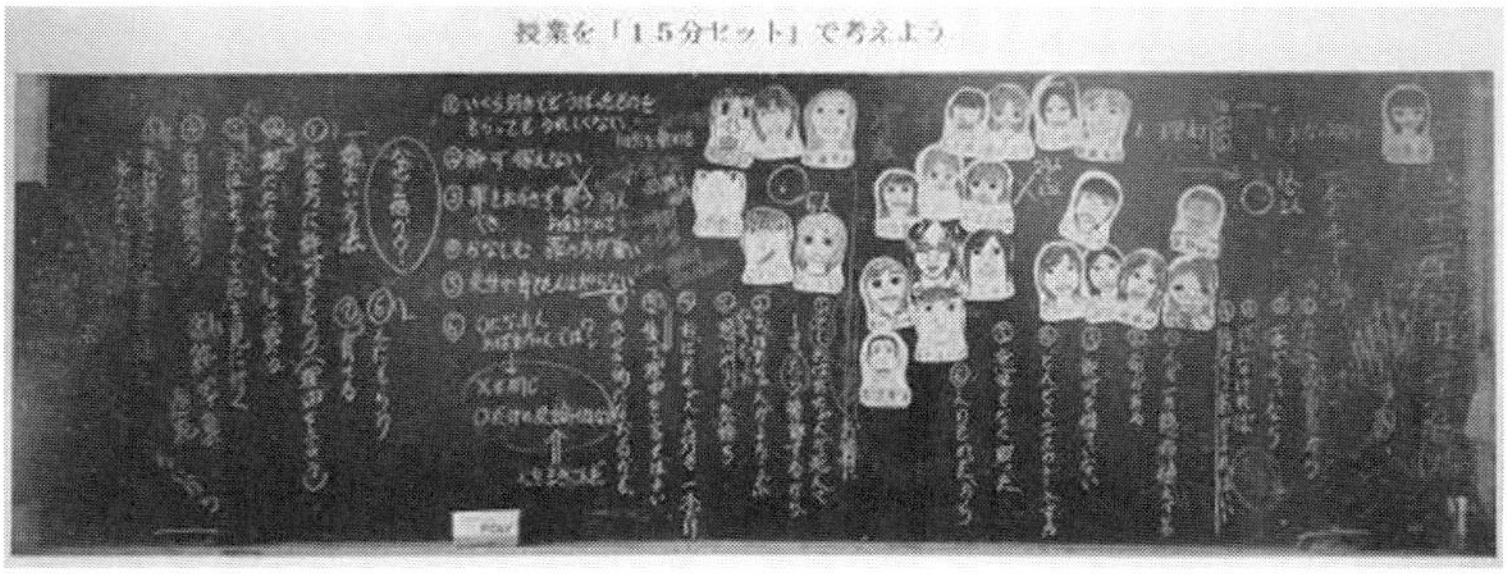

○発問1　「花子さんは学校の花壇に咲くたくさんのチューリップから一本取って帰りました。○か×か」

活動①　○か×かを決める　活動②　理由を書く

活動③　理由を発表する　　活動④　互いに反論し合う

○発問2　「花子さんのおばあちゃんは病気で寝たきりです。チューリップが大好きです。だから一本取って帰ったのです。○か×か」

活動①　○か×かを決める　活動②　理由を書く

活動③　理由を発表する

活動④　互いに反論し合う

○発問3　「花子さんはどうすればよかったのか」

活動①方法を考え書く　　活動②考えを発表する

活動③一番よいと考える方法を決める

○授業の感想を書く。感想を発表する。

(3) 子どもたちに任せるステップ

3月のゴールとして、子どもたちが教師の手を離れて議論することをイメージしています。議論の3本柱を意識した少人数の議論が成り立ち、教師が行っていたようなつなぎを子どもたちが担うようになる議論です。もしかしたら、物理的な距離すら越えていくかもしれないと想像しています。

教室内のある場所で、数人の子どもたちが議論しています。不思議なもので、その熱が周りに伝わると、みんながそこに集まり始めます。いつの間にか、全体を巻き込んだメインの議論にまで発展していきます。

すると、その議論の流れを聞いていた数名が、その輪から少しはずれ、サブの議論を展開するようになります。中には、輪の中心に入り、「ちょっと待って！もういい？まだある？」と交通整理する子もでてきます。一人で座り込んで聞いている子もいます。教師は、子どもたちの視界から消え、議論の様子を眺めることができ、板書にも専念できるでしょう。感情的になってきたなと思ったら、「スマイル！スマイル！」と言って和ませるだけで大丈夫です。

しかし、4月当初は、こうして自由に立ち歩かせたり、ダイナミックな話し合いになったりすることを躊躇する意識がはたらかないわけではありませんでした。座らせて、順番に言わせて、授業と流れをコントロールしていた時期もありました。

しかし、子どもたちがダイナミックに議論した後の感想を読むと、「楽しかった。またやりたい！」

と書きます。一見傍観者のように見えていたあの子も、「私もあんな話し合いがしたい！」と書くのです。その時、もっともっと子どもたちに任せなければと強く思わずにはいられませんでした。

③　議論の先に何を見るか

ある年に担任した子どもたちの中に、いつも反対派に自画像を貼る子がいました。また、いつも少数派になる子がいます。そうした子どもたちに聞くと、「あえて反対」を選ぶことがあるそうです。また、メンバーを見て決めることもあるそうです。

本来、道徳ですから、「自分ならこう考える」という立場の元で動かなければならないこともあります。しかし、これらの子は「議論することそのものを楽しんでいる」のです。よくよく聞くと、「揺れるのが楽しいんです！」とか、「あいつとやり合いたいんです！」ということを教えてくれます。

もちろん、道徳授業としては、現象的に白熱が見られたらよいのかもしれません。しかし、私たちは、その議論する現象で満足するにとどまらず、子どもたちを「公社会に役立つ人間」へと育てていかなければならないのです。道徳授業としての議論、道徳教育としての議論とは何かを考え、議論の先にある子どもたちの成長を願うことが一番大切なのです。

第3章
「考え、議論する」道徳授業づくり

3 道徳授業づくり

中村啓太（菊池道場栃木支部）

①　共に創る授業

「教師は授業が命」これは、私が初任者の時に言われた言葉です。その時、授業力を磨いていくことが教師の役目だと捉えていました。しかし、教壇に立っていると、子どもが退屈そうにしている授業や、教師ばかりが話している授業になってしまうことがありました。教材研究をしたにも関わらず、子どもたちの生きた学びにならないという現実にぶつかりました。その時、私は子どもたちを置き去りにした授業をしていたことに気付きました。それから、「自分が子どもだったら」と考えるようになりました。「自分だったら、楽しんで取り組めるか、考えたいと思えるか」と、自分を子どもに置き換えて考えるようになりました。

それから、参観授業などで、保護者の方から、「中村先生の授業は、私たち親まで考えさせる授業ですね。ワクワクしました」と言ってもらえたり、参観した先生方から、「私も子どもになって、中村学級に居たい」と言ってもらえたりするようになりました。きっと、授業がうまいとか、経験があるからというのではなく、子どもサイドに立った授業づくりを日々積み重ねたからだと思います。

② 授業準備に情熱を

この本を手にされた先生方は、道徳に対して高い意識とこれからの授業をよりよくしたいという想いでいると思います。私も、「道徳」の授業で、子どもの心を成長させたいと強く思った日から、道徳の授業の準備にかける時間も想いも大きく変わりました。まずは、教師の心構えとして、「道徳授業」を大事にしようと思うことがスタートだと考えています。教師の想いは、授業を通して子どもたちの心に伝わります。教師がどれだけ、本気度をもって授業に挑むかが、子どもの主体的な学びにつながると実感しています。

私は、授業までに教師のしておきたい10のポイントをもって、自身の道徳ノートに準備をします。

(1) 資料を選ぶ（タイミングと内容）
(2) 資料を自分なりに読む
(3) 価値項目について学習指導要領に書かれていることを理解する
(4) 45分の中でのゴールイメージをもつ（着地点）
(5) 導入を考える（問い、話題の提示の仕方）

(6) モラルジレンマ的な発問を考える
(7) 中心発問を考える（メインの時間）
(8) 補助発問を考える（揺さぶりの発問を軸に）
(9) 板書計画を立てる
(10) 子どもの活動や反応を考える

(1) 資料を選ぶ（タイミングと内容）

道徳の資料を選ぶ際、タイミングと内容について、子どもや学級の実態に応じて弾力的に入れ替えたり、取り入れたりしています。例えば、修学旅行が近いから、「移動の教室の夜」という資料を使って、きまりと自由について考えさせるなど、行事に合わせた資料の活用を行っています。また、2学期に子ども同士の横のつながりを強くしていきたいと考え、「陽子とひとみ」の資料を使って、本当の思いやりについて考えさせました。他にも、人としての誠実な姿を考えさせたいと思い、当時5年生の資料として挙げられていた「手品師」を6年生に授業したこともありました。

このように、基本的には、各校の年間指導計画や教科書の番号順に授業で取り上げていきますが、資料を使うタイミングを考え、時には子どもたちの実態に応じて、下の学年の資料を使うことも、子どもを軸に考えたときには、必要になってくると考えています。

(2) 資料を自分なりに読む

各学校には、道徳の指導書が用意されていると思います。私は、指導書は読まずに、自力で授業をつくります。まず、教師が一人の人間として、その資料をどう読み、どう感じるかを大切にしたいからです。「内村航平選手の生き方から、夢を美しいイメージから泥臭いものへとイメージチェンジさせたい」と感じたり、「うちのクラスの子どもたちはきっと夢というものをどこか現実味のないものとして捉えているだろう」と考えたりする時間を大切にしたいからです。このように、授業をつくる上で、私は「自分らしさ」や「学級らしさ」のある授業を大切にしています。指導書には、45分が流しやすい発問などが掲載されていますが、そこに自分の学級の事実や教師自身の価値観はありません。子どもの本音や生き生きとした学びにならないのは、きっと教師自身が指導書任せの、「生きた授業」をしていないからだと感じています。

(3) 価値項目について学習指導要領に書かれていることを理解する

教師自身の読みを大事にすると言いましたが、それが教師サイドの自由すぎる授業であってはいけません。道徳にも、学習指導要領があり、低学年、中学年、高学年でそれぞれ指導すべきことが明記されています。ここを逸脱した教育は、公立学校においてはいけないことです。例えば、高学年の生命尊重であれば、このように内容項目に書かれています。

【生命が多くの生命のつながりの中にあるかけがえのないものであることを理解し、生命を尊重す

ること】

・家族や仲間とのつながりの中で共に生きることのすばらしさ
・生命の誕生から死に至るまでの過程　・人間の誕生の喜びや死の重さ
・限りある生命を懸命に生きることの尊さ　・生きることの意義を追い求める高尚さ
・生命を救い守り抜こうとする人間の姿の尊さ

学習指導要領に書かれている内容を理解した上で、授業を行えば、子どもの意見を深めることも広く受け止めることもできるのです。教師自身が、道徳性についての理解をしていくことが重要です。

⑷　45分の中でのゴールイメージをもつ（着地点）

授業で何を学ばせたいのかを教師がもつことで、ぶれない授業になる、とよく言われます。では、ぶれない授業とは、例えば「生命尊重」の授業で、生命尊重の内容項目以外のことが出ないということなのでしょうか。私は、子どもの意見に多くの価値項目を感じ取ることができる授業こそ、本物だと考えています。

「○○さんはどうして親切な行動がとれたのか」という問いに対して、相手のことを大切にしているから、親切にしないと困るからといった内容では語り切れない、リアルさが実生活の中にはあります。親切にすることは大切だということは分かっている。でもできない。こういうことが、実生活の中にはたくさんあるのです。だからこそ、親切にするためには、相手に対して誠実であることや勇気を出すこと、自分がされて嬉しかった感動体験からくることなどを、広く授業の中に求めていきたいのです。つまり、着地点と言っても、点ではなく、ゴールテープのイメージをもつことが子どもたちの学びを保障していくと考えています。教師側が広くゴールをもっておくことで、子どもたちは多様な価値観を学び、今後の生活における、行動選択能力を養っていくのだと思います。

(5)　導入を考える（問いや話題の提示の仕方）

授業の始まりは、子どもたちの硬く重い空気を軽くすることを常に意識しています。子どもたちを1秒でも早く学びの土台に乗せることで、授業が生き生きしてきます。私は、導入で開かれた問いをするか、雑談から始めるようにしています。開かれた問いであれば、「友達から本当の友達になるために大切なことは」と子どもたちに問いかけます。子どもたちが発表しやすい、多様な意見が出る問いで始めることで、学習に気持ちよく入ることができます。また、この問いを最後にもう一度問いかけることで、学びを通した変容を見とることもできます。

雑談では、全く関係のない話ではなく、「今日の休み時間、みんなで遊んでいたみたいだけど、喧嘩しなかった」というように、「友情・信頼」の価値項目の授業の雑談として取り入れました。雑談を入れることで、自由な発言が生まれ、教室の空気が軽くなると実感しています。

(6)　モラルジレンマ的な発問を考える

菊池氏は授業の中で、「〇か×か、かきましょう」と問いかけることがよくあります。これは、単に正解か不正解かをはっきりさせるためのものでなく、理由や根拠に自分らしさが表れるからです。菊池氏は子どもたちに、「理由に自分らしさが出ること」「同じですと、人に流されないこと」への価値付けをしながら、子ども自身の見方考え方を育て、受け入れていいます。道徳におけるモラルジレンマ的な問いも同じように捉えていいのだと思います。

「手品師」という資料を例にすると、「手品師は大劇場に行くべきか、男の子に行くべきか」という問いがモラルジレンマ的な問いにあたります。どちらか一方が誠実で、もう一方が不誠実かという表層的な捉えではなく、どちらに行くべきかを考えていく中で、「誠実さ」とは一体何なのかということについて深層的に考えていくきっかけになるのです。

つまり、モラルジレンマ的な問いは、多様な意見や価値観が出ますが、本質はその先にあります。きっかけの問いとして捉えるとよいでしょう。子どもに迷わせるような問いにすることがポイントだと言えます。

⑺　中心発問を考える（メインの時間）

中心発問とは、価値項目や本時のめあてを達成するための授業の核となる発問で、子どもから多様な価値観を引き出し、知的理解を促すことをねらいとした問いです。私が、中心発問を考える際に、大事にしているのが、「大本」「本質」にできるだけ迫れる問いになるかどうかという点です。

手品師の中心発問として、私は「男の子のもとへ行った手品師は誠実と言えるのか」という問いを子どもたちに投げかけました。すると、子どもたちの口から「一体誠実とはどういうことなんだろう」というつぶやきが聞こえてきました。これこそが、子どもたちに考えさせたい本質的な価値だと考えます。「男の子のもとへ行く手品師＝誠実　大劇場に行くこと＝不誠実」ということでなく、どちらに行くべきか、手品師自身が葛藤し、心を動かしながら決めたということ自体に、誠実な姿があるのだと私は思います。こういった、深い価値の追究には、表層的な問いではなく、大本を揺さぶるような問いかけをしていくことが必要なのです。

(8) 補助発問を考える（揺さぶりの発問を軸に）

子どもたちの思考を深層的な思考に変えるためには、子どもの中に「？」を生み出すことが重要です。違和感を子どもたちにもたせるような揺さぶりの問いこそが、子どもの思考を深くしていくのです。

例えば、「誠実とはうそをつかないこと」と言っていたけれど、「大劇場に行きたいという自分の気持ちにはうそをついているよね」と子どもに揺さぶりをかけます。子どもたちは一瞬止まって、誠実には「自分に対するものと相手に対するもの」の両方があるということに気付き、誠実さについて分かっていたはずの子どもたちも、深く考えるという場面が生まれます。

つまり、授業の中で、教師が子どもの意見や考えを受け止めるだけでなく、揺さぶったり、問い返したりすることで、授業に深みが出るのです。

(9) 板書計画を立てる

基本的に、横型板書で授業しています。一般的な縦型板書では、限界を感じたからです。私の授業はモラルジレンマの問いをきっかけに授業が始まります。そのため、対比構造を視覚的に示すのに、横型が適していたからです。また、縦型が場面発問や時系列的な問いが多いのに対して、私の授業はテーマ型発問が主になっているため、黒板をスケッチブックのように扱う方が、板書がしやすいのです。道徳の板書もある程度のパターンはありますが、自由にスペースを使ったり、固まりごとに意味をもたせたりすることができます。子どもの自由な発言、予想できない展開に対応できるのが、横型板書のメリットだと考えています。

子どもたちに黒板を開放することがあります。菊池氏は、教師が子どもの視界から消えることが、主体的な学びへの第一歩だと述べています。子どもの自由な立ち歩き、教師が視界から消えること、黒板を子どもに開放することで、主体的で対話的な深い学びを実現できると考えています。黒板を開放するという点においても、横型板書による、自由度のある学びのスタイルはアクティブ・ラーニングを支える、板書技術や板書意識なのです。

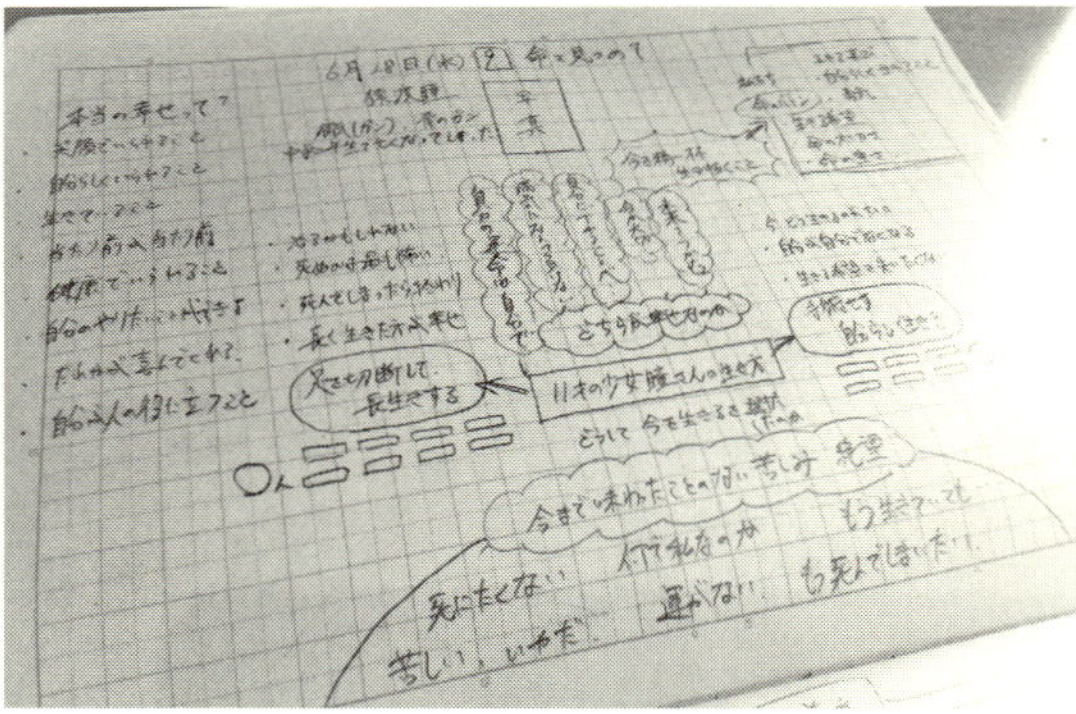

⑽　子どもの活動や反応を考える

授業は、教師のレールに子どもを乗せるのではなく、一人ひとりに合ったレールやクラスに合ったレールに進ませていくことで、「学びがい」のある授業になり、授業が「教えやすさ」から「学びやすさ」へと変わっていきます。学級の子どもたちがどのように考え、どう反応するのかを予想することで、多様な授業展開をイメージすることができ、授業に対する「教師の構え」ができるのです。子どもがこんなふうに反応するから、こう導こうという考え方ではなく、こんなふうに反応するなら、こうやって切り返そうとか、ここで揺さぶってみようと、教師の瞬間的な反応をシュミレーションをしておくのです。子どもと創る授業と言っても、レールに乗せることはよくないと言っても、瞬間的に反応できる教師は多くはないと思います。授業準備の段階で、シュミレーションをしておくことで、授業中、瞬時に子どもの反応に、瞬発力をもって切り返すことができるのだと思います。

第3章の中で、書かれた「考える」「議論する」という指導技術と指導観と、私の「授業づくり」を融合していくことで、道徳授業は変わると感じています。新たな道徳の授業の創造をめざしていきましょう。

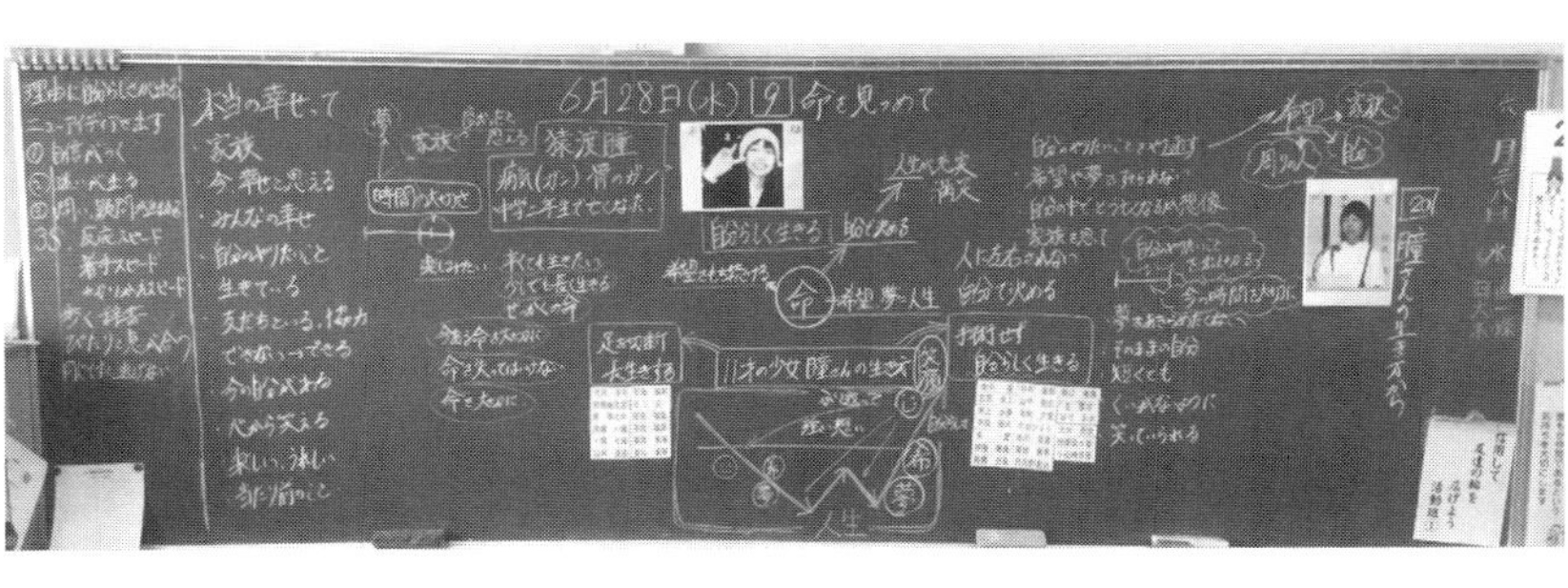

第4章
変容をより重視する子どもの見方（評価）

第4章 変容をより重視する子どもの見方（評価）

1 「特別の教科　道徳」の評価について

髙橋朋彦（菊池道場千葉支部）

① 評価が難しいと言われている道徳

道徳の教科化に伴い、道徳の評価をすることが求められるようになりました。「人の心って評価していいの？」「教師の価値基準を子どもに押し付けていいの？」「具体的に道徳の何を評価するの？」という声が多くあがっています。また、通知表には、道徳の記述式による評価が求められています。私たちが子どもの頃、道徳を評価されたことはありません。これらのことから、道徳を評価することはとても難しいと言われています。

② 道徳科における評価の在り方について

道徳以外の教科は、「ある基準に対して、どの程度達成しているのか」という観点で評価することが多いようです。この観点を道徳の評価に照らし合わせると、評価することは困難を極めます。人の心を評価する基準はないのですから。

文部科学省のホームページには、道徳の評価の在り方について、次のように記載されています。

「特別の教科 道徳」の指導方法・評価等について（報告）【概要】
（平成28年7月22日　道徳教育に係る評価等の在り方に関する専門家会議）

≪道徳科の指導方法≫

○　単なる話し合いや読み物の登場人物の心情の読み取りに偏ることなく道徳科の質的転換を図るためには、学校や児童生徒の実態に応じて、問題解決的な学習など質の高い多様な指導方法を展開することが必要。

≪道徳科における評価の在り方≫

【道徳科における評価の基本的な考え方】

○　児童生徒の側から見れば、自らの成長を実感し、意欲の向上につなげていくものであり、教師の側からみれば、教師が目標や計画、指導方法の改善・充実に取り組むための資料。

○　道徳科の特質を踏まえれば、評価に当たって、
・　数値による評価ではなく、記述式とすること、
・　個々の内容項目ごとではなく、大くくりなまとまりを踏まえた評価とすること、
・　他の児童生徒との比較による評価ではなく、児童生徒がいかに成長したかを積極的に受け止めて認め、励ます個人内評価（※）として行うこと、
・　学習活動において児童生徒がより多面的・多角的な見方へと発展しているか、道徳的価値の理解を自分自身との関わりの中で深めているかといった点を重視すること、
・　道徳科の学習活動における児童生徒の具体的な取組状況を一定のまとまりの中で見取ることが求められる。

※個人内評価・・・児童生徒のよい点を褒めたり、さらなる改善が望まれる点を指摘したりするなど、児童生徒の発達の段階に応じ励ましていく評価

【道徳科の評価の方向性】

○　指導要録においては当面、一人一人の児童生徒の学習状況や道徳性に係る成長の様子について、発言や会話、作文・感想文やノートなどを通じて、
・　他者の考え方や議論に触れ、自律的に思考する中で、一面的な見方から多面的・多角的な見方へと発展しているか
（自分と違う意見を理解しようとしている、複数の道徳的価値の対立する場面を多面的・多角的に考えようとしている等）
・　多面的・多角的な思考の中で、道徳的価値の理解を自分自身との関わりの中で深めているか
（読み物教材の登場人物を自分に置き換えて具体的に理解しようとしている、道徳的価値を実現することの難しさを自分事として捉え考えようとしている等）
といった点に注目して見取り、特に顕著と認められる具体的な状況を記述する、といった改善を図ることが妥当。

○　評価に当たっては、児童生徒が一年間書きためた感想文をファイルしたり、1回1回の授業の中で全ての児童生徒について評価を意識して変容を見取るのは難しいため、年間35時間の授業という長い期間で見取ったりするなどの工夫が必要。

○　道徳科における学習状況や道徳性に係る成長の様子の把握は、「各教科の評定」や「出欠の記録」等とは基本的な性格が異なるものであることから、調査書に記載せず、入学者選抜の合否判定に活用することのないようにする必要。

≪発達障害等のある児童生徒への必要な配慮≫

○　児童生徒が抱える学習上の困難さの状況等を踏まえた指導及び評価上の配慮が必要。

≪条件整備≫

○　国や教育委員会等において、多様な指導方法の確立や評価の工夫・改善のために必要な条件を例示。

内容をよく読むと、「ある価値基準に対する達成」ではなく、「子どもの内面の成長」に対する評価が求められていることが分かります。全てが大切な内容となっていますが、その中のいくつかをピックアップして考えていきます。

③ 道徳科における評価の基本的な考え方について

○道徳科の特質を踏まえれば、評価にあたって、
・他の児童生徒との比較による評価ではなく、児童生徒がいかに成長したかを積極的に受け止めて認め、励ます個人内評価として行うこと、
・学習活動において児童生徒がより多面的・多角的な見方へと発展しているか、道徳的価値の理解を自分自身との関わりの中で深めているかといった点を重視すること、

右の文章から、「子どもの成長を評価すること」が求められていることが分かります。菊池道場では、日々の学校生活の「成長の授業」や、それに含まれている「道徳の授業」を通して、子どもがいかに成長していくかを重視し、子どもの「変容」から、子どもの「成長」を読み取っています。その「変容」を読み取ることが道徳の評価をするにあたり、とても重要なものとなります。

④ 道徳科の評価の方向性について

○指導要録においては当面、一人一人の児童生徒の学習状況や道徳性に係る成長の様子について、発言や会話、作文・感想文やノートなどを通じて、

・他者との考え方や議論に触れ、自律的に思考する中で、一面的な見方から多面的・多角的な見方へと発展しているか

・多面的・多角的な思考の中で、道徳的価値の理解を自分自身との関わりの中で深めているかといった点に注目して見取り、特に顕著と認められる具体的な状況を記述する、といった改善を測ることが妥当。

右の文章から、教師による見取りだけでなく、内面を知る手立てが求められていることが分かります。菊池道場では、子どもの変容を「成長ノート」「白い黒板」「インタビュー」「座談会」などを通して読み取っています。子どもの変容から成長していく姿を読み取り、評価することができます。

第4章では、文部科学省と菊池道場の評価に対する考え方を照らし合わせ、子どもの「変容」から成長を読み取り、評価する具体的な方法を示していきます。

第4章

変容をより重視する子どもの見方（評価）

2 授業中の評価（内容と徳目）

中村啓太（菊池道場栃木支部）

① 5つのめあてを軸に考える

菊池氏は、授業におけるめあては5つあると述べています。

①表のめあて…命が受け継がれているということを理解することができる
②学級経営的なめあて…どんな意見も一度受け止めてから反論することができる
③学習規律的なめあて…振り返りを書くときは、3分で5行書くことができる
④学び方のめあて…自分の意見をもち、人に流されないで主張することができる
⑤横軸づくりのめあて…男女関係なく、意見交換をすることができる

これまでは、①の表のめあてに迫ることができたかを評価する授業がほとんどではないでしょうか。例えば、「命が受け継がれていることを理解することができた」かという評価です。徳目重視型

の授業と言えます。一方で、菊池氏の提唱している②～⑤の裏のめあては変容重視型の授業と言えます。どちらも同じように重要だという視点をもつことが必要です。しかし、徳目重視の評価しかない教師の授業では、子どもの変容をみることも、子どもを成長させることも限界があると考えます。

② テーマ型の発問と成長ノートで表のめあてを評価する

授業である以上、何を理解しているか・何ができるか（知識及び技能）という評価は必要です。私は、授業の初発問で、テーマ型発問を子どもたちに投げかけます。「本当の友達って」と聞くと、子どもたちは今までの生活を振り返りながら、自分の中にある価値観を発言します。授業をする前の子どもたちの徳目に対する捉えです。「言いたいことを言える人」や「このクラスは本当の友達になりつつある」など意見が出されます。授業後に、「本当の友達になるために必要なこと」というテーマで振り返りを書かせました。

先生。本当の友達になるじゃなくて、「本当の友達になっている」じゃないんですか。私は本当の友達って、なるものじゃなくて、「なっているもの」だと思います。だから、必要なことというよりは、特徴みたいなものだと考えました。授業の初めに出た、大切なことって、本当の友達の中にあるものだと思います。

このように、授業を通して、徳目に対する理解が深まったり、広がったりすることを見取ることができます。教師が本当の友達とはこういうことだということを、基準に評価を行うと、この振り返りを書いた子は、正しく理解できなかったとなります。答えを外に求める（教師の答えを待つ）学級では、振り返りで全員が同じことを書くでしょう。答えは内側にあると考える集団では、答えは常に子どもの数だけあると言えるでしょう。そして、そこに「自分らしさ」が生まれるのです。

③　授業中に裏のめあてを価値付ける

「評価で子どもを育てる」ことを大切にしています。ここでいう評価とは菊池氏の述べている「裏のめあて」への価値付けです。道徳をしたからすぐに子どもが変わるという考えは安易です。しかし、道徳の授業ですぐに変わることを教師自身がめざすことはよいことだと思います。だからこそ、貪欲に変容の瞬間を期待して、価値付けるのです。野村克也氏は、「野村ノート」の中で、心が変われば人生が変わると述べています。心を変えることは容易ではありませんが、些細な行動の中に、心の変容を教師が見出してあげることは、子どもの人生を変えるのです。つまり、教師の子どもの「今」に対する評価こそ、人を育てると言えるのです。

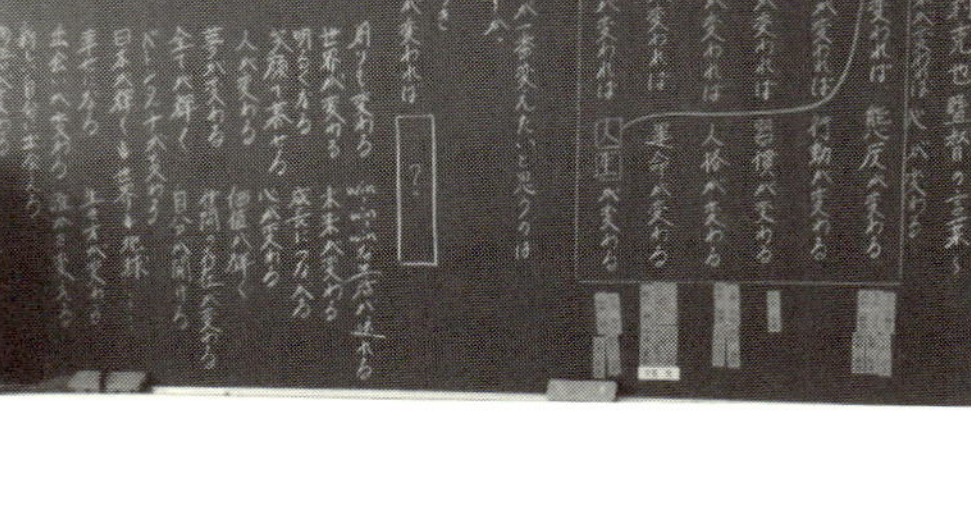

④ 意見を言うことが好きになったS君

発言することに苦手意識をもっていたS君は、道徳の授業がすごく嫌いだったと過去を語っています。苦手意識はどこからきていたのかを聞いてみると、うまく話せないことやみんなが自分の発表を聞くと笑うこと、そもそも道徳に対するやる気がないことを語ってくれました。そんな彼が、意見を言うことが好きになったきっかけが「道徳の授業」だと語っていました。私が、道徳の授業で彼を大きく取り上げたことがありました。授業の後半、クラスの大半がルールは破ってしまったが、思いやりのある行動をとった主人公に対して、共感した意見を発表する中で、彼一人だけが「でも、ルールを破るのはよくない」と力強く発表したのです。空気を読まない発言を切るような教師の意識がはたらけば、彼は今まで同様周りから笑いものになっていたでしょう。しかし、私は彼の「一人が美しい」学びの姿勢を大きく称賛しました。自分の気持ちを真っすぐ伝えたときの彼の眼差しを全員に伝えました。自然と沸き起こる拍手に、彼は頭をかきながら着席しました。

この日を機に、道徳に限らず、いろいろな教科で発言するようになりました。周りの友達も彼の発表にざわつくことなく、聞くようになりました。教師が表のめあてしかもっていなければ、彼が変わることはなかったでしょう。授業中に、何を見て、何を評価するのか、ベースにあるのが子ども観です。教師はみる目を日々、修養し、子どもの可能性を信じて待つことが大切なのです。

⑤ Kさんの先生ちょっといいですか

授業中盤、友達との意見交流後の、全体での発表場面でした。Kさんが挙手をして、話し始めました。

「先生。ちょっといいですか。Mさんの意見がすごくいいなと思って、先生やみんなにも聞いてほしいと思ったんですけど、言ってもらってもいいですか」

授業後、KさんにどうしてMさんを授業中に発表してほしいと言ったのかインタビューしました。「自信をもってほしかったからです。Mさんの成長のきっかけになればいいなと信じて、言いました」

この授業は、「本当の友達」についての道徳でした。Kさんは友達として、Mさんの成長を信じて行動したようでした。資料からは決して学び取ることのできない価値を、教室全員が目の当たりにして、大きな拍手が起こり、「本当の友達ってこういうことじゃない」というつぶやきも生まれました。

授業は常に、何が起こるか分かりません。考え・議論する中で、知的な変容を目指し、評価していくことは大切なことです。しかし、授業の中には、子どもたちの実感を伴った理解が生まれることを忘れてはいけないのです。授業中の教師の美点凝視や教師の観察眼こそが、評価で子どもを育てるという意識を実現する大切な教師力の一つです。子どもが自分のことを先生の方がはるかによく知っていると感じさせるほどまでに、教師のみる目を養っていきたいものです。

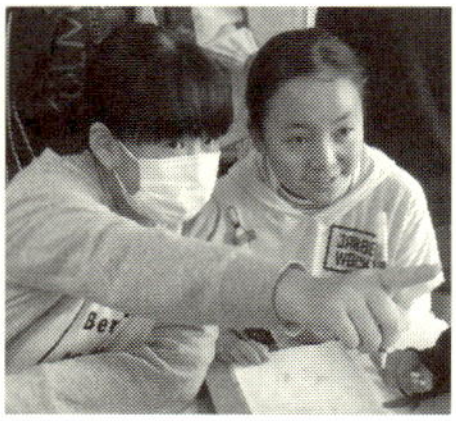

第4章

変容をより重視する子どもの見方（評価）

3 道徳授業「群」の評価（行動・実践力）

加倉井英紀（菊池道場福島支部）

① 評価の捉え方

本章の冒頭、評価の在り方について触れましたが、ここでも改めて振り返っていきます。

新学習指導要領の中で、育成をめざす資質・能力の3つの柱は、次の通りです。

(1) 何を理解しているか・何ができるか…知識理解
(2) 理解していること・できることをどう使うか…思考力・判断力・表現力等
(3) どのように社会・世界と関わり、よりよい人生を送るか…学びに向かう力・人間性等

この3つの柱と変容をより重視する菊池道場流の子どもの見方（評価）は関係が深いものです。

ここでは、その中でも、(2)について考えていくことにします。

文部科学省では、(2)の内容について次のように詳しく定義づけしています。

問題を発見し、その問題を定義し解決の方向性を決定し、解決方法を探して計画を立て、結果を予測しながら実行し、プロセスを振り返って次の問題発見・解決につなげていくこと（問題発見・解決）や情報を他者と共有しながら対話や議論を通じてお互いの多様な考え方の共通点や相違点を理解し、相手の考えに共感したり、多様な考えを統合したりして、協力しながら問題を解決していくこと（共同的問題解決）のために必要な思考力・判断力・表現力等のことをさしています。

特に、問題発見・解決のプロセスの中で、次のような思考・判断・表現等を行うことができることが重要であります。

・問題発見・解決に必要な情報を収集・蓄積するとともに既存の知識に加え、必要となる新たな知識・技能を獲得し、知識・技能を適切に組み合わせて、それらを活用しながら問題を解決していくために必要となる思考をすることができる。

・必要な情報を選択し、解決の方向性や方法を比較・選択し、結論を決定していくために必要な判断や意思決定をすることができる。

・伝える相手や状況に応じた表現ができる。

ここに示した行動や実践力が高まってくるためには、繰り返し、見通しをもつ（計画）⬇活動⬇振り返り⬇改善の過程を経験する必要があります。そしてそれらの行為は、教師や子どもたち同士の価値付け（みる目）が関わってくるのです。

② 評価の実際

行動・実践力を評価（価値付け）していくための方法として、ここでは成長ノートと座談会での変容の見取り方を示していきます。

■成長ノート

2章の❾でも述べたように、成長ノートは、「教師が全力で子どもを育てるためのノート」です。担任である教師が、子どもを公社会に通用する人間に育てようと、自分の信じる価値観をぶつけ続け、それに子どもが真剣に応えようとするノートです。そこには、教師と子どもたちとの信頼関係が必要不可欠です。また、教師の評価（価値付け）も必要不可欠です。その価値付けは、小さな変化をプラスに感じ取る教師の教育観、見えない不可視の変容も感じ取る絶対的なプラスの目が必要です。全力で作文を書いた子どもの心を理解しようとする強い覚悟をもつことが子どもたちの成長につながっていくのです。ここで、一例を紹介します。

ある女子の5年時の成長ノートです。一枚目の写真は、「一学期の課題」、二枚目の写真は「三学期の課題」です。同じようなテーマであっても時期が違えば、書く内容も変化してきます。もちろん、プラス面を捉えていきますが、コメントの仕方にも違いが見られるように意識して朱を入れます。この子は、１学期の課題として、「もっと協力すること」と自分自身の心に迫った振り返りをしていました。しかし、３学期の課題では、「いろいろなことを意識して、みんなを『2・6・2』の上の2に上げていきたい」と振り返っていました。自分軸から相手軸への高まりが見られた内容でした。これに対して、心の変容を大きく感じることができた私は、「悩みながらも成長している姿が頼もしいです」とコメントを書きました。不可視の部分に着目し、伸びようと頑張っている気持ちを後押ししてあげたいと強く思いました。その結果、その子の頑張りを心から認めるようなコメントになりました。このような価値付けを重ねながら成長ノートに取り組むことで教師も子どもも心が磨かれるのです。そして、成長ノートはそれを見取る一つのツールとして、大きな武器となるのです。

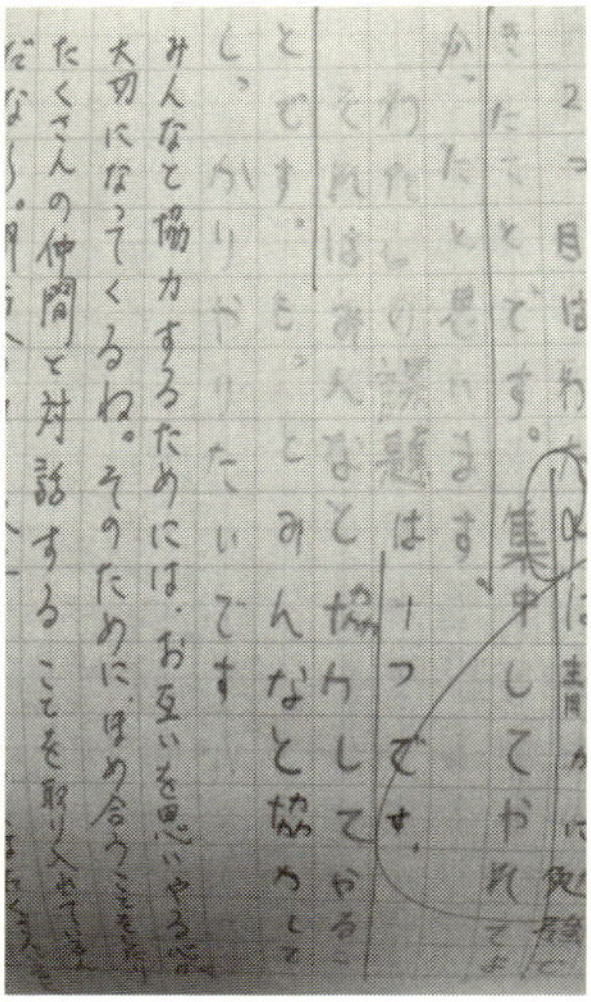

１学期の課題

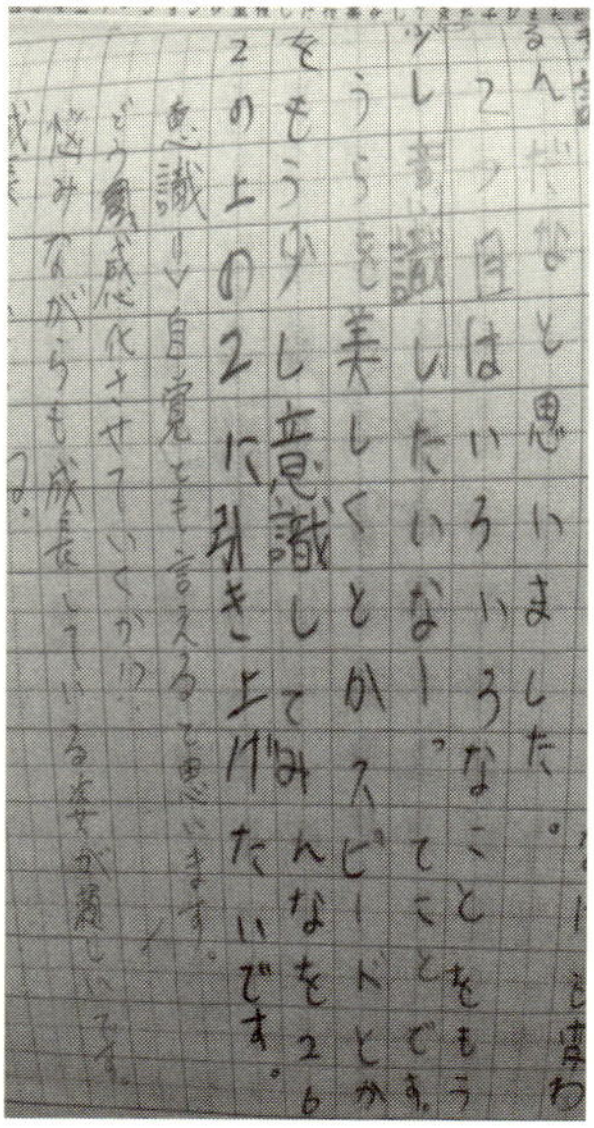

３学期の課題

■座談会

道徳的行動や実践力を評価していく方法として、座談会があります。座談会とは、様々な活動や出来事について授業中だけでなく、他の時間を活用し語り合い深めていくことです。主に放課後や休み時間を活用しています。授業とは違う心もちで、本音を言い合える時間でもあります。授業での学びの延長や座談会の内容から、翌日の朝のミニ授業や道徳の授業へとつながることもあります。教師も一参加者としてその話し合いに適宜加わっていきます。画像や映像で残し、学級全体で振り返ると、価値が拡大していくことでしょう。一例を紹介します。

過ちについての道徳の授業を行った2週間後くらいに、数人を集めて、過ちについて再度対話を通して振り返らせてみました。すると、

「思っていても、『はい。終わり』とかで終わってしまったらだめだと思う」
「ようは、過ちを肯定的に捉えるか。否定的に捉えるかじゃないかな」

などの自分の経験で語る言葉が出てきました。過ちを単に、悪いことと一面的に捉えるのではなく、どのように捉えるかが寛容さにつながると感じ取っていました。相手のことを「信じる」ことが大切だと捉えていました。座談会での内容の深まりは、決して一人で生まれるわけではなく、他者と対話を重ねる中でこそ生まれてくるものです。そして、そのことを座談会という形で丁寧に記録することで、一人ひとりの道徳的行動や実践力を磨いていくことができるのです。

第4章

変容をより重視する子どもの見方（評価）

4 道徳に対する態度の変容

古舘良純（菊池道場千葉支部）

① 年間を通した子どもたちの変容にスポットをあてよう

学習指導要領解説に書かれている、次の言葉に注目してみましょう。

> 児童の学習状況や道徳性に係る成長の様子を継続的に把握し、指導に生かすよう努める必要がある。ただし、数値などによる評価は行わないものとする。

継続的に把握すること。つまり、子どもたちはすぐに変容しない場合があるということを意味していると考えられます。年間を見通して、長い目で見て育てていくことが必要なのです。そのために、道徳性に係る成長を継続的に把握する必要があるのです。さらに、数値などによる評価は行わないということは、「何点だから良い悪い」ということではなく、子どもたち一人ひとりの内面の変容を大切に見取っていくことが大切であることを意味しています。

これは、「菊池省三が考える『授業観』試案」にある「1年間を見通した」という視点と重なります。そうであるならば、菊池実践である「成長ノート」を通して子どもたちの内面に迫り、子どもたち一人ひとりの言葉に寄り添いながら、変容へ目を向けていくことが必要だと言えるでしょう。さらに成長ノートを続けることで、45分だけではない、年間を通した道徳に関する態度についての変容も見取ることができます。菊池実践の目指す、「考え続ける人間」へ向かう変容だと言えます。まさに、「学びに向かう」人間性を育てていくのです。

ここでは、前述してきた⑴授業中の変容（内容・徳目）に関することと、⑵授業群における変容（行動・実践力）に加え、長期的な視野で子どもたちの道徳に対する変容の見取り方について示していきます。

② 変容の見方

⑴ 学びに向かう態度を7：3（プラス：マイナス）で記録する

次の3つの視点で、見取り（メモ）、写真、成長ノートで記録を残すようにしていきます。

・個々の行為の事実（どんな行為をしたのか）
・友達同士のやりとりの事実（どんな関わり・関係性があったのか）
・学級として何があったのかという事実（どんな出来事が起こったのか）

プラスの7については、学びに向かう態度面について記録していきます。教師から離れ、自分たちだけで議論を成立させられるように、指導を強化していくためです。そのためのプラスを記録するのです。自分から立ち歩いて話に行った。立ち歩きの先が休み時間の友達とは違った。ノートに没頭している。自分の考えを整理している。公の言葉遣いをしている。笑顔が見られた。「ちょっと待って、もういい?」と、順番を考えている。など、とにかく子どもたちの行為、言葉、視線や表情まで見ていきます。「笑い」についても、育っている学級とそうでない学級では、質が違ってきます。空気が和むような柔らかい笑いが起きるといいなあと考えています。「DVDで観る 菊池学級の子どもたちの成長の事実(中村堂)」に収められた岡田くんの表情をイメージしています。

マイナスの3では、「できていない」ことではなく、「こうなったらいいのに」を見ていくようにします。望ましい学び方、学習に向かう態度が「こう変容したらいいなあ」という見方をしていきます。再度言いますが、教師から離れ、自分たちだけで議論を成立させられるようにするためです。

こうした視点と記録が、年間を通して見られる変容の事実を確かなものにします。プラスの7をさらに伸ばし、マイナスの3を変容させていくのです。子どもたちの学びが、より自分たち自身の内側に向いていくように価値付けていくのです。

(2) 記録の深掘りをする

見取り（メモ）、写真、成長ノートで残した記録を元に、聞き取り（インタビュー）、座談会を通して深掘りしていきます。現象としての変容から、内側の変容に迫るのです。

・こういうふうに成長ノートに書いてあったんだけど、今考えてみたらどういう感じ？

・この時、〇〇君の意見で考えが変わったっていうのをもうちょっと詳しく教えてくれる？

・この写真でね、いつもと違う△△さんと話しているでしょ？この時何を考えていたの？

など、気になった文面や写真についてインタビューで聞き取りをしていきます。現象の裏側に目を向けていくのです。

また、成長ノートで似たようなことを書いているメンバーを数人集めて、座談会をすることも有意義です。一人で考えていたことを、少人数でやりとりすることで、より深く考えることができ、子どもたちの素直な考えを聞くことができます。

このように、記録を深掘りするためには、成長ノートと写真の存在が欠かせません。そして、こうしたインタビューや座談会を経験した子どもたちは、ここからさらに成長を加速させるのです。

成長ノートは、道徳の授業に限らず、年間を通して書いていくものです。ポートフォリオのような役割も果たすはずです。成長ノートは、年間で5～6冊になります。成長ノートを通して、変容に気づくのは、もしかしたら、子どもたち自身なのかもしれません。

メモを取り、成長ノートを書かせ、写真に収める。そして、長いスパンで見てインタビューしたり、座談会を設けたりする。これは、年間を通して子どもたちを育てていく視点そのものです。

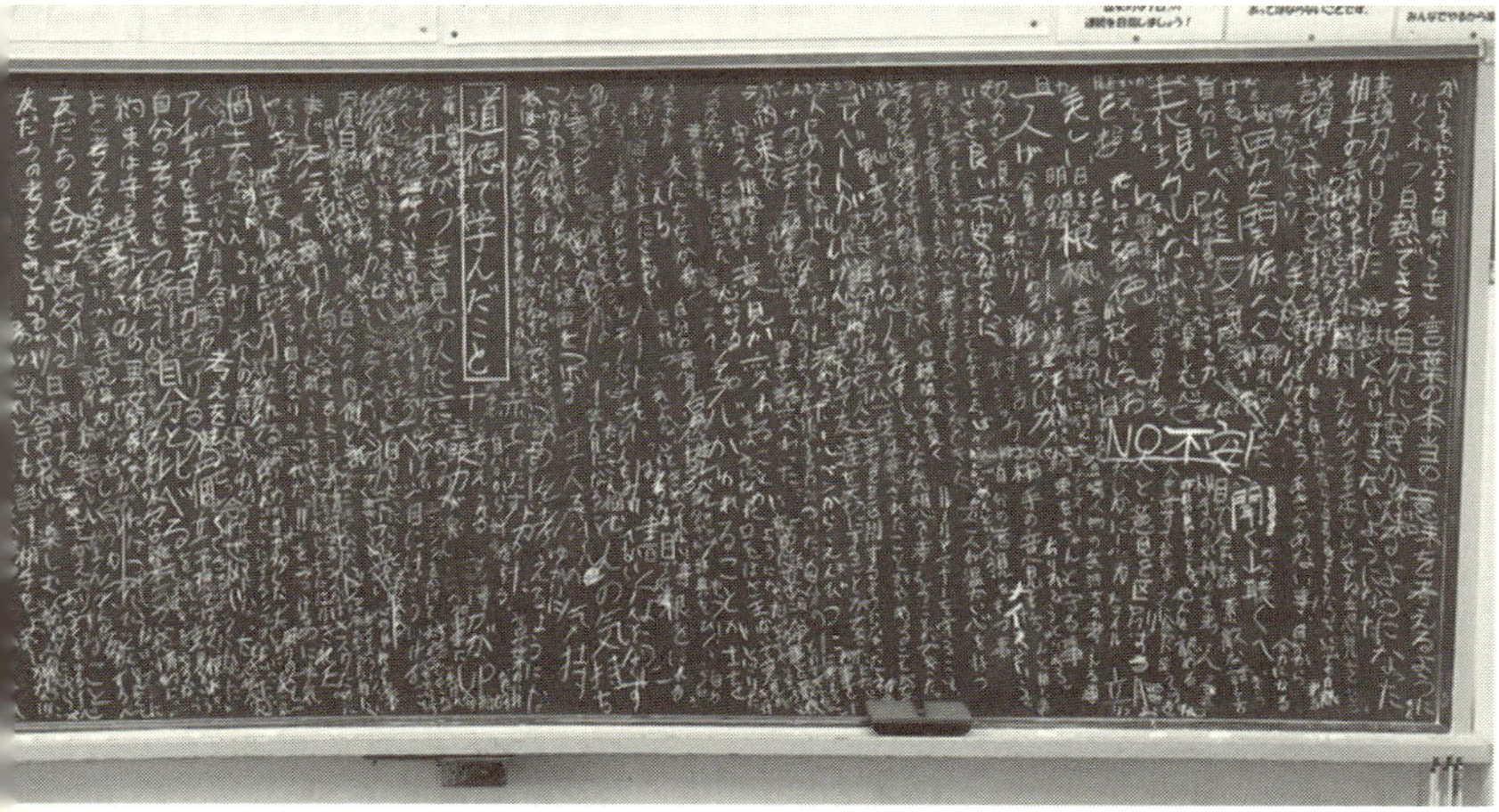

(3) 変容を可視化する白い黒板

年間の変容をまとめる手立てとして、「白い黒板」も有効です。自分一人で考えていた以上の考えに出会い、成長をより端的な言葉にできるからです。また、完成した時の達成感は何にも替えようのない感動があります。

次のような言葉が書かれていました。「休み時間まで話を持っていく」「不安がなくなった」「話をかみ合わせるようになった」「心を伸ばしたいと思うようになった」。こうした言葉の数々は、教師の手を離れて議論し、考え続け、道徳を通して成長をしたという子どもたちの事実の一つです。

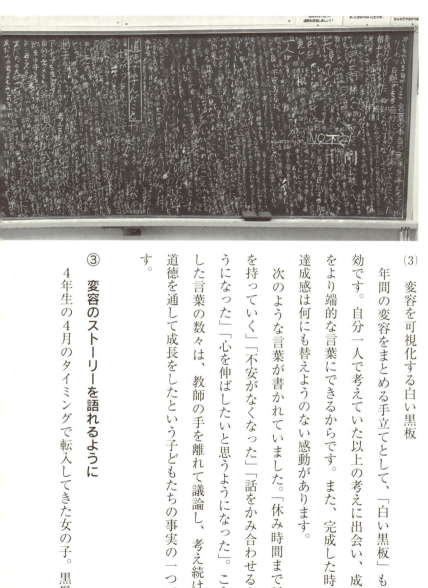

③ 変容のストーリーを語れるように

4年生の4月のタイミングで転入してきた女の子。黒髪

ロングが特徴的な女の子で、前髪はいつも目元ギリギリ。「おはようございます」と声をかけても、軽く会釈をするような感じでした。

2年後、6年生で担任しました。朝からマスクをしていて、まとめていない黒髪と目が隠れるような前髪とマスクという様子に、明るく、ポジティブな印象は受けませんでした。授業では、隣の子と体も向けず、話さず、ちょっと会釈をするくらいでした。

その子が、卒業を控えた2月末に、爆発的に突き抜けました。教室に入る時は元気よく「おはようございます」と言って入ってくるのです。もちろんマスクは外しており、きちっと髪を後ろでまとめて登校するようになったのです。みんなと「おはよう」のハイタッチまでしていました。自分らしく生活するようになり、積極的に対話するようにもなったのです。成長ノートには、生きた言葉が綴られるようになりました。

卒業直前のインタビューで分かったことですが、自分の顔やスタイルにコンプレックスを持っていたこともあり、閉ざしていたのだと話していました。しかし、それではAの道（成長の道）に進めないと考え、心から楽しみ、友達とこれまで以上に関わって学んでいくことを決意したのだそうです。それから、卒業前の数回の道徳授業では、議論を楽しみつつ白熱を見せていました。その、議論している熱い眼差しが忘れられません。心の変容があり、学びへ向かう態度が育ったのです。

第5章 道徳授業の実際と方向性（教室の事実）

第5章

道徳授業の実際と方向性（教室の事実）

道徳の授業について

高橋朋彦（菊池道場千葉支部）

道徳の授業は、年間35時間設定されています。みなさんはどのように35時間の授業をしていますか？「自分で開発した教材で授業をしたい！」「学習会で学んだ方法を試してみよう！」「とりあえず、教科書をやろう」等、様々な思いで授業に取り組まれていることでしょう。

平成30年度から教科書が使用されます。今後は、多くの教室で教科書を使った授業が展開されることが考えられます。そこで本書では、多くの教科書会社の教科書に掲載されている題材で「考え、議論する道徳」の授業に迫っていきます。

第5章は、次のように構成しました。

①単元の概要　②学級の実態と、年間を通して身に付けさせたい価値
③題材について　④授業の概要　⑤授業の詳細　⑥子どもの変容

②は、教師や学級の実態によって大きく変わってきます。ここが第2章**1**で語られている、年間を通して「公社会に役立つ人間を育てる」という成長の授業に大きく関わります。

③は、②を受けて考えられます。当然、教師や学級の実態、題材ごとに変わってきます。

④は、第2章**5**で語られている15分×3の視点で作られています。基本的な15分の内訳は、「一つの発問と活動」です。授業によって時間や発問の数が変わってきます。

⑤は、1時間の授業による子どもの変容に迫っていきます。「ブラッドレーの請求書」「手品師」の実践に関しては、より内面に迫るために、主に次の3つで構成されています。

A　教師（T）と子ども（C）によるやりとり B　教師の見取りによる授業の様子	C　子どもの内面の様子

ABはページの上段、Cはページの下段に記されています。Cは、第4章で書かれている評価の方法で子どもの内面に迫っています。「個のストーリーを語る」という視点で表記しました。

⑥は、第4章の方法で、子どもが変容を評価しています。

本章で示した授業は、私たちの考えと目の前の学級の実態によってつくられた授業の一例です。読者の皆さんの考えと学級の実態、題材によってよりよい授業に変えていただけたら幸いです。

第5章

道徳授業の実際と方向性（教室の事実）

1年　〔家族愛〕サバンナの子ども　※2年生での授業

渡邉結花（菊池道場栃木支部）

①　単元の概要（あらすじ）

アフリカで一番高い山、キリマンジャロの麓にある村で暮らしている、ラジャブという少年。ラジャブは毎朝起きると、牛を外に放ち、草原に連れていき、それが終わると学校へ行く。学校から帰ってくると、村で一つしかない共同井戸まで、重いたらいを担いで何キロも歩き、水を汲みに行く。毎日毎日、同じお手伝いをし、疲れているはずなのに、ラジャブは水汲みのお手伝いを「いやだ」と言ったことは一度もないのである。

なぜ、ラジャブは大変な仕事を毎日できるのか。それは、家の人たちの喜び、笑顔があるからなのである。夕食後にはおかあさんが入れてくれる紅茶を飲み、家族みんなで話す。そんな「当たり前」のことが、一番「大好き」だと話すのである。

② 学級の実態と、年間を通して身に付けさせたい価値

クラス替えをして、新しい学級になった4月。私の学級は、仲間意識が低く、「○○さんに△△されました」という報告がとても多かったです。また、相手への「ありがとう」という感謝の言葉が少ないように感じていました。それは、友達のよさを見つけようとする目が育っていないということであり、友達同士のつながりが希薄であるからだと考えられます。

「家族に対してはどう思っているのか」。今年度も私の学校では家族参観日が予定されていたため、2年生は家族に対してどのくらい考えているのかと、疑問に感じました。子どもたちとの普段の会話の中から、自分たちのために家族がしてくれていることを、あまり意識していなく「当たり前」であると感じている子がとても多いような気がしました。それは、家族という存在がとても近くにあり、「家族が自分を大好きでいてくれている」という実感がないからだと感じます。

そこで、「誰に対しても、感謝の思いをもってほしい」という思いをもち始め、年間を通してのキーワードを「感謝」に設定しました。「人のよさを見つけ、相手からしてもらった行為や心に対しての感謝」「どんな時も味方でいてくれる家族への感謝」。どんなことにも感謝できる心を低学年のうちから育めば、高学年になったときに、下級生や友達、先生や家族に、素直に「ありがとう」と言える子どもになるのではないかと考えます。また、感謝の心が育てば、「自分も家族の一員として役立ちたい」という心も育んでいけると感じます。

③ 単元（題材）について

この単元は、学校行事である10月下旬の家族参観日の時に使いました。普段、あまり考えたことのない家族への想いを、改めて考えていくきっかけとしてちょうどよいと感じたからです。この資料を使いながら、子どもたちには、普段は言えない感謝の気持ちを、自分の口から直接親に伝えてほしいと考えました。また、参観に来てくださった保護者にも、子どもたちへ想いを伝えるきっかけにしてほしいと考えました。

そのために、まずは保護者へ、事前アンケートを用意しました。内容は「子どもたちのために、普段から行っていること」「子どもたちからしてもらいたいこと」です。このアンケートを通して、家庭の中でも、家族についての会話をしてほしいと考えました。

この「サバンナの子ども」というお話は、家族にしてもらっていること、家族のためにできることを考えられる資料です。家族が自分のために様々なことをしてくれていて、そして何よりも大切に思ってくれている…。それに気が付けたときに「ありがとう」という感謝の気持ちが生まれると考えることができます。主人公のラジャブという少年の、仕事に対する気持ちを考えさせるのではなく、あえて家族が主人公に抱いている気持ちを考えさせることで、家族が自分を大切に想ってくれていることに気付き、子どもたちの中に、家族への「感謝」の心が育ってくるのではと考えました。

④ 授業の概要

発問一　家族にしてもらっていること、家族のためにしていること

活動①　考えを書く。　　活動②　考えを発表する。

活動③　家族にしてもらっていることが多いことに気付く。

発問二　主人公の生き方は幸せかどうか

活動①　○か×かを決める。　活動②　理由を書く。

活動③　理由を発表する。　　活動④　互いに反論し合う。

発問三　家族にとっての一番の幸せ、喜びとは何か

活動①　考えを書く。　　　　活動②　考えを発表する。

活動③　一番よい方法を決める。

○授業の感想を書く。　○感想を発表する。

⑤　授業の詳細

■発問一の場面　子どもと教師で問いを生み出す

家族にしてもらっていることは「たくさんある」と話していましたが、家族のために自分がしていることは「書けない」と言っている児童が多くいました。その理由としては、

(1)そもそも、自分からお手伝いをしていなかった。

(2)お手伝いをしていることが当然すぎて、書けなかった。

(3)とてもよく考えていたけど、分からなくて書けなかった。

この3つが考えられました。発表し合う中で、自分が家族のためにしていることよりも、家族が自分のためにしてくれていることの方が多いことに気が付いていきました。

C　先生。家族にしてもらっていることの方がとっても多いね。

T　それは、『大人』だからかな？

C　まあ、それもあるけど…。気持ちじゃないかな。家族のことを大切に思っているかどうか。

T　じゃあ、みなさんは家族のことを大切に思っていないってこと？

C　きっと、私たちが喜んでくれるから、たくさんのことをしてくれているんだよ。

T　『喜び』ってなんだろうね？　みんなの喜び。家族の喜び。どう違うのかな。

対話の中で「家族の喜び」についての問いを生み出していきました。

■**発問二の場面**　参観している家族を巻き込む

主人公が幸せかどうかを考えていく中で、子どもたちから、「ごほうびがないから不幸せ」という意見が出てきました。

Ｃ　ごほうびはないけど、家族は喜んでくれている。
Ｃ　でも、ごほうびのために頑張るのは、家族は喜ばないよ。
Ｃ　分かった！お父さんとかお母さんにも、ごほうびで、お手紙書いてあげれば喜ぶと思う！

そのような対話が、より一層「家族を喜ばせたい」という思いにつながり、子どもたちは、ある手段を選んだのです。それは、

Ｃ　先生！　家族にインタビューしてきてもいいですか？

子どもたちが選んだ方法は、「参観している家族へのインタビュー」でした。私の教室には、子どもたちが大きな声で話せるようにするために、１００円ショップで買ったマイクが置いてあります。普段から使っているそのマイクを使って、インタビューを始めたのでした。

Ｃ　お母さんにとっての、私からの一番嬉しいことって何ですか？
保　Ｎが、毎日毎日、無事に家に帰ってきてくれることです。
Ｃ　一番嬉しいことって何ですか？
保　笑顔を見た時や、ありがとうって感謝の言葉を言ってもらえた時です。

「ごほうびとしてお手紙を渡せば喜んでくれる」と考えていた子どもたちの考えとは、全く異なった家族からの言葉を聴き、子どもたちは口々に「先生！　予想と全然ちがったよ！」「私も。なんか、自分がいつもしていることで、びっくりした！」と話していました。「予想と違う」と話しているときの、子どもたちの笑顔。そこで、家族を巻き込むことの楽しさと、子どもたちの想いを大切にする授業の大切さを、私自身も改めて感じました。

T　違うとは、どういうことかな？

C　はじめは、ごほうびがほしいのかなと思っていたけれど、家族は、元気に生活できれば、それで幸せって言っていた。

C　うちも。お手紙を書かないと気持ちが伝わらないって思っていたけど、ありがとうって言葉を言うだけでもとっても嬉しいんだって！

T　それってさ、「特別」なごほうびとして、みんながすることなのかな？

C　いつも、していることだよね。

この家族へのインタビューを通して、子どもたちは、普段自分たちが生活の中で行っている、元気に学校へ行くことや、笑顔、健康などが家族にとって一番嬉しいことであると気が付くことができました。「家族を巻き込む」ことは、学校が保護者の考えを知ったり、保護者が教師や子どもたちの考えを知ったりする上でも大切なことなのだと感じます。

■発問三の場面　家族に対する想いを形に…

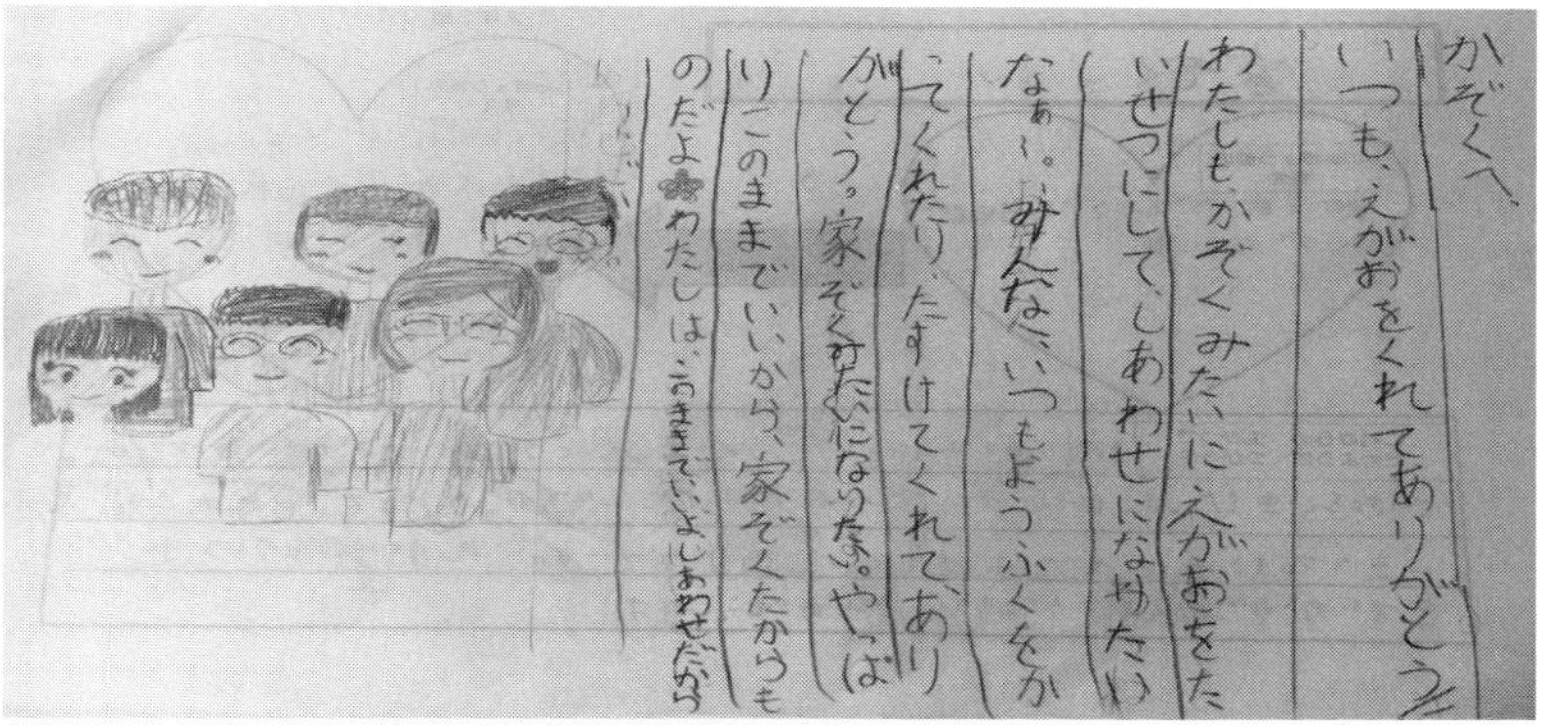

C　先生！　家族に、お手紙を書いてもいいですか？

これは、発問三について考えているときに、子どもたちから出た意見です。「やっぱり、気持ちを伝えたい！」そう考えた子どもたちは、毎回道徳の授業の振り返りとして使っている振り返り用紙のうら側を使い、家族にお手紙や似顔絵を書き始めたのです。

> かぞくへ　いつも、えがおをくれてありがとう！　わたしも、かぞくみたいにえがおをたいせつにして、しあわせになりたいなぁ～。家ぞく、たからものだよ。わたしはしあわせだよ。
>
> ---
>
> パパへ　いつも、あさ、わたしが家をでるときに、みおくりしてくれて、ありがとう。これからは、自分から「いってきます。」をするよ。

当たり前すぎて、家族への感謝に気付くことが難しかった子どもたちでしたが、最後の手紙には、普段の生活に対しての家族への感謝があふれていました。涙する子どももいました。

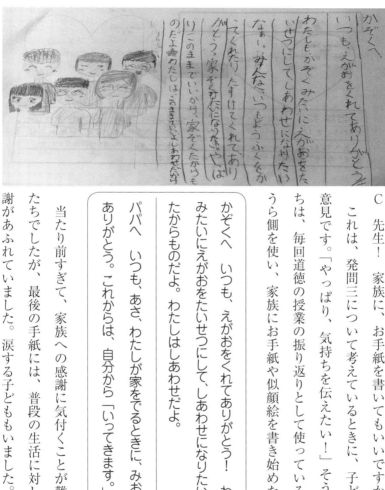

⑥評価について

■道徳の振り返りと本人インタビュー

「ぼくは今まで、お母さんにおこられてばかりでした。でも、それにはりゆうがあって、大好きだからおこってくれているのでした。これからは、おこられても、おこられなくても、うれしいことをして、家ぞくをよろこばせたいです」

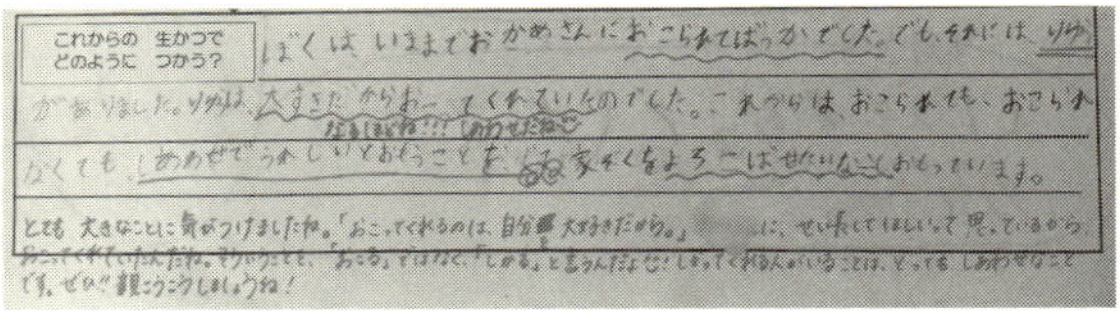

　ある男の子の振り返りです。この子は、毎日怒られることや怒る母親に対して、「自分のことが嫌いだから…」と思っていたようです。どこで、母親に対しての気持ちが変容したのか。気になった私は、翌日、本人にインタビューをすることにしました。

T　昨日の振り返りで、お母さんは、大好きだから自分を怒るってことに気付いたって書いていたでしょ？　どこでお母さんの気持ちを知ったの？

C　インタビューで言ってくれた。

T　そうだったんだね。それを聞いて、どう感じた？

C　大好きでいてくれたんだなって、安心した。もっと頑張ろうって思った。

　この子が、このタイミングで家族の想いを知れたことは、とても大きいです。今、気が付けた気持ちが、どう成長につながってくるか、とても楽しみです。

■家族へインタビュー

男の子の変容がとてもうれしかった私は、そのことを保護者に伝えました。本人にインタビューをしたことも踏まえて、保護者にも「インタビューをお願いします」という形で伝えました。

Ｔ　Ｒくんの気持ちの変容を、どう思いますか？

保　ただただ驚いています。いつもは、私のイライラもあって、叱ってしまうことが多くて。でも、そういうことに気が付いてくれたことや、考えてくれていることが、とても嬉しいです。

Ｔ　Ｒくんは、家族参観日後、何か変わりましたか？

保　お調子者具合は変わらないですが（笑）、２番目の妹との喧嘩がなくなりました。いつもは、ほぼ毎日喧嘩をしていたので、成長ですね。

最後に、お母さんは、こう話されていました。

保　私も、反省しました。親子共々、家族について考えるきっかけになりました。

１時間の「道徳の時間」が、家族の変容のきっかけになれたこと。「道徳教育」の素晴らしさを感じました。

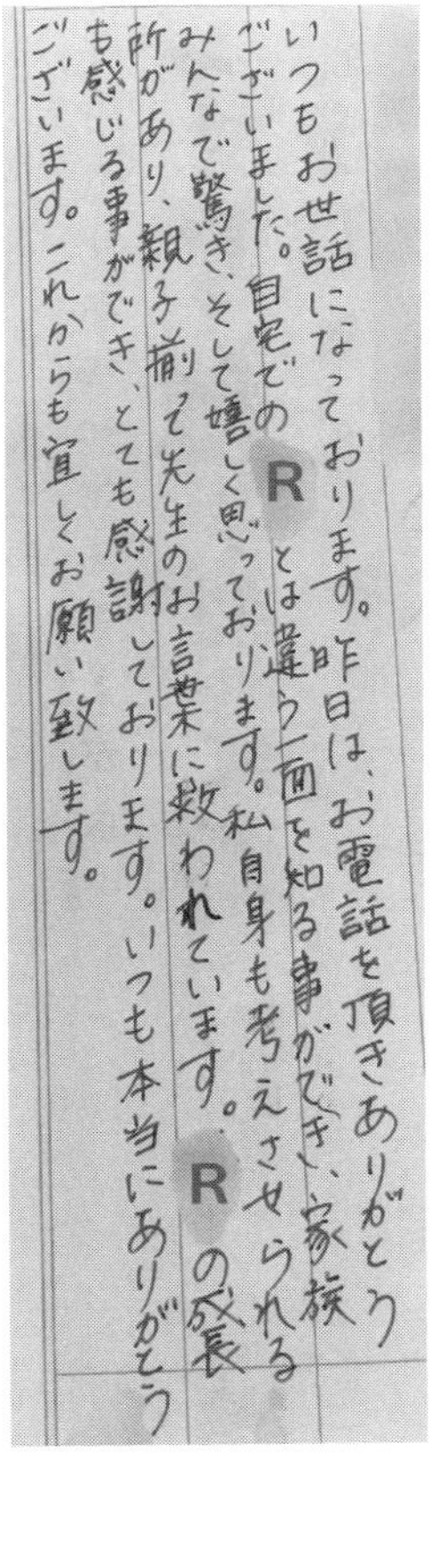

いつもお世話になっております。昨日は、お電話を頂きありがとうございました。自宅でのRとは違う一面を知る事ができ、家族みんなで驚き、そして嬉しく思っております。私自身も考えさせられる所があり、親子揃って先生のお言葉に救われています。Rの成長も感じる事ができ、とても感謝しております。いつも本当にありがとうございます。これからも宜しくお願い致します。

第5章

2年　道徳授業の実際と方向性（教室の事実）

〔生命尊重〕ぴよちゃんとひまわり

渡邉結花（菊池道場栃木支部）

①　単元の概要（あらすじ）

小さな丘で、一粒の種を見つけた、ひよこのぴよちゃん。「たねを　たべよう！」「はっぱを　たべよう！」と待っているうちに、種は花を咲かし、一輪の大きなひまわりに。夏のあいだ中、ずっと一緒に過ごしてきた、ぴよちゃんとひまわり。しかし、夏が終わりに近づくにつれ、ひまわりの花はしぼみ、やがて枯れてしまう…。いつまでも、ひまわりのそばで泣いているぴよちゃん。そんなぴよちゃんの足元から、ひまわりの花からこぼれ落ちた種の赤ちゃんたちの声が聞こえる。「つぎの　なつが　きたら、この　おかに　きてね」翌年の夏。ぴよちゃんは思い出の丘へ行くと、その丘は一面のひまわり畑になっている。そこで、ぴよちゃんは初めて、「いのち」のつながりに気付く。

② 学級の実態と、年間を通して身に付けさせたい価値

年度初めの４月。私は子どもたちに、「『人を傷付けること』『命にかかわる危険なことをすること』『嘘をついたり、ごまかしたりすること』をしたときは、叱る」と伝えました。これは、人として生きていく上で、許されないことであるからです。子どもたちはとても素直に受け入れてくれ、相手を傷付けるような言葉遣いや、態度には気を付けなければならないと感じ、行動に示してくれています。しかし、「命にかかわる危険なことをしてはいけない」「命は大切にしなければならない」と児童は感じているものの、「なぜ、大切にしなければならないのか」「命とはどういうものなのか」と、深いところまで考えている児童は少ないと感じていました。

「相手の命は、家族から受け継がれたものである」そのように子どもたちが知ることができたら、自然と「相手のことを傷つけてはいけない」という心が育まれると、私は考えました。「命は一つしかないから大切にしなければならない」ということだけでなく、その命が「受け継がれたもの」であること。それを途中で閉ざしてしまうというのは、命のつながりをなくしてしまうということ。だから、命を大切にしなければならない。それらを知ることができれば、自ずと、相手を敬える心をもった子どもたちに育っていくだろうと感じます。命が大切である「理由」を考え、だからこそ、相手も自分も大切にしなければならないと考えられるよう、低学年のうちから心を育んでいく必要があると感じています。

③　単元（題材）について

私は、この単元を通して、命を大切にしなければならない「理由」を考えてほしいと思いました。そうすれば、「相手を傷つけず、大切にしよう」「自分の命を大切にしよう」という心を育むことができると感じたからです。そのために、この単元で３つのことに気が付けば、命を大切にする理由を考えられると思いました。それは、

(1)命は、つながっている。
(2)命は、家族から受け継がれたものである。
(3)命は、未来に受け継ぐものである。

ということです。

そのために、まずは「羽のない　かぶと虫」という資料を読みながら、「当たり前に生きていることへの喜び」について考えました。その際、「元気な体でいられることに、ありがとう」という言葉が、子どもたちから出てきました。

では、なぜ子どもたちや私たちは、元気な体で生きていられるのか。そもそも、なぜ、このように生きていられるのか。命が存在するのか。本単元で、「自分の命は受け継がれているものである」ことに気が付くことで、「命を大切にしなければならない理由」や「命に感謝する」といった価値観がより深くなると考えます。

④授業の概要

発問一　いのちとは［　　　　］

活動①　近くの友達と相談する。　活動②　考えを発表する。

発問二　なぜ、ぴよちゃんは〝花〟になったひまわりを、食べようと思わなかったのか？

活動①　考えを書く。　活動②　いろいろな友達と意見を交流する。　活動③　全体で交流する。

（補助発問「生まれ変わったり、いのちが受け継がれたりすることとは、「違う生き物に変化する」ということか」）

発問三　いのちとは［　　　　］（変容）

活動①　近くの友達と相談する。　活動②　考えを発表する。

○授業の振り返りを書く。

⑤ 授業の詳細

■発問一の場面　知っているつもりだったけれど…

T 『いのち』って何?

C いのちは親友。友達。

導入で、「いのち」についてのイメージを聞いた際に、ある女の子から出た意見です。

C え? 「いのちは親友」って、どういうこと?

C いのちは、自分の一番近いところにいてくれて、毎日いっしょにあるものだから親友だと思う。

C 確かに! 親友みたいに、一番大切なものだよ。

C 大切なことは分かるけれど、いのちは自分の中にあるものだよね?

「いのちは、親友のような存在である」という意見は、「いのちは親友と同じくらい大切なもの」という考えから生まれたものでした。この、「いのちは親友」という意見から、いのちは自分にとってとても大切なものであるという共通認識を図ることができました。

「大切なものということは分かるけれど…」考えの違いから生まれてくる疑問を、対話を通して深めていくことで、価値項目について「一体なんだろう?」「知っているつもりだったけれど、分からなくなってきた」という気持ちを大きくしていきました。

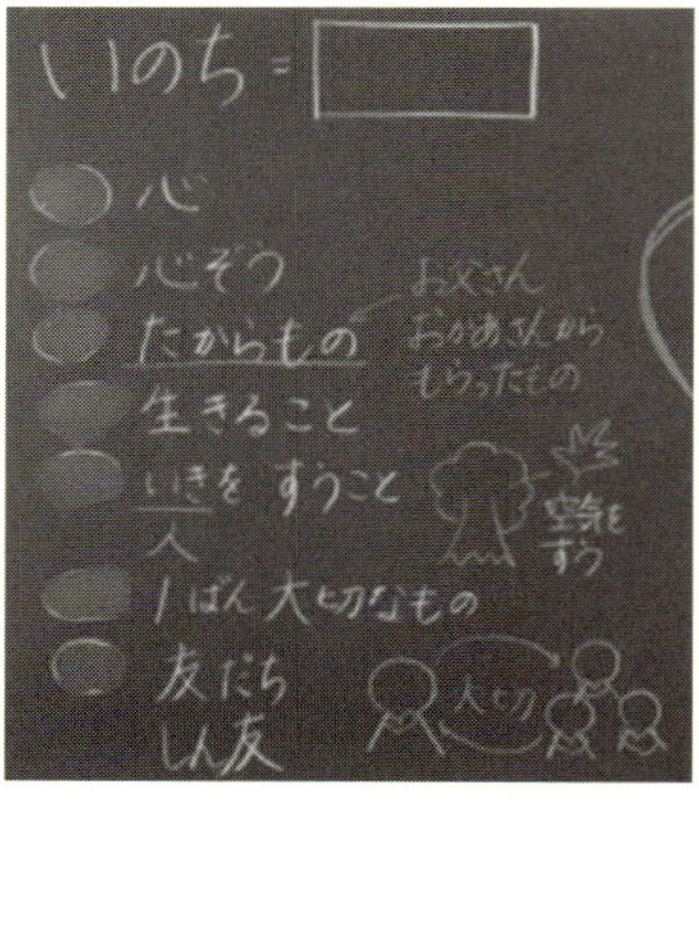

■発問二の場面　価値にせまるキーワードに導く

「食べ物がある」と思って、ひまわりの命を奪いにきていた主人公。しかし、実際は、ひまわりを食べることはなかったのです。なぜ、主人公はおいしそうなひまわりを食べなかったのか。そのぴよちゃんの行動の要因を考えさせました。

C　〝花〟になって、やっと、ひまわりに、いのちがあることに気が付いたから。

T　なぜ、ぴよちゃんは、ここで、いのちがあることに気が付いたの？

C　種とか葉っぱの時は、あまり変わらないからいのちに気が付けなかったけれど、花になって、今までとは違うものに生まれ変わったから、ぴよちゃんは、ここでいのちに気付いた。

C　なんか、生活で育てた朝顔とかトマトと一緒だね。

T　どういうこと？

C　生活で育てた朝顔とかトマトも、いのちをもっていたから、花とか実に生まれ変わったんだよ。

子どもたちはそもそも、「主人公は、ひまわりの命に気が付いていない」という感覚だったようです。しかし、生まれ変わったように大輪の花を咲かせたひまわりを見て、やっと、ひまわりにも命があることに気が付き、食べる気持ちがなくなった。そう考えていました。

予測した通り、子どもたちから出た、「生まれ変わる」というキーワード。それを使い、補助発問を投げかけました。

■補助発問の場面　深まった価値

T　さっき出た『生まれ変わる』とは、どういうこと？　違う生き物に変わっちゃうってこと？

C　違う！　種が葉っぱに、葉っぱが花に、花が枯れて、また種に…って、進化していくってこと！

T　なるほど。では、人間も、何か別の形に生まれ変わるということだね？

C　人間は、生まれ変わるのではなくて、いのちが受け継がれるんじゃない？

C　植物は、同じいのちでも、いろいろな形に変化して回っていくけど、人間とか動物は、死んでしまったら新しいいのちに変わることはできないから、生きている間にいのちをつなぐんだよ。

T　植物のいのちはどんどん回っていく。人間や動物の命は、どんどんつながっていくということ？

C　「いのちリレー」みたいだね。これからもどんどんつながっていくんだね。

　この補助発問を通して、「生まれ変わる」という言葉は、何か違うものに変わってしまうのではなく、「形は変わるけれど、同じ命である」ということを押さえました。その際、植物は、種が葉になったり、葉が花になったりと、別の形に生まれ変わることができるけれど、人間や動物は、そのままの形で大きくなっていく。だから、植物は命が回っていき、人間や動物は命がつながっていくと考えていきました。命がつながっているということを実感するために、子どもたちの写真と私の幼少期の写真を使い、家系図を描きました。「たくさんの先祖がいたからこそ、今の自分やみんながいる」。そう実感できたように感じます。

■発問三の場面　いのちくん「ありがとう」

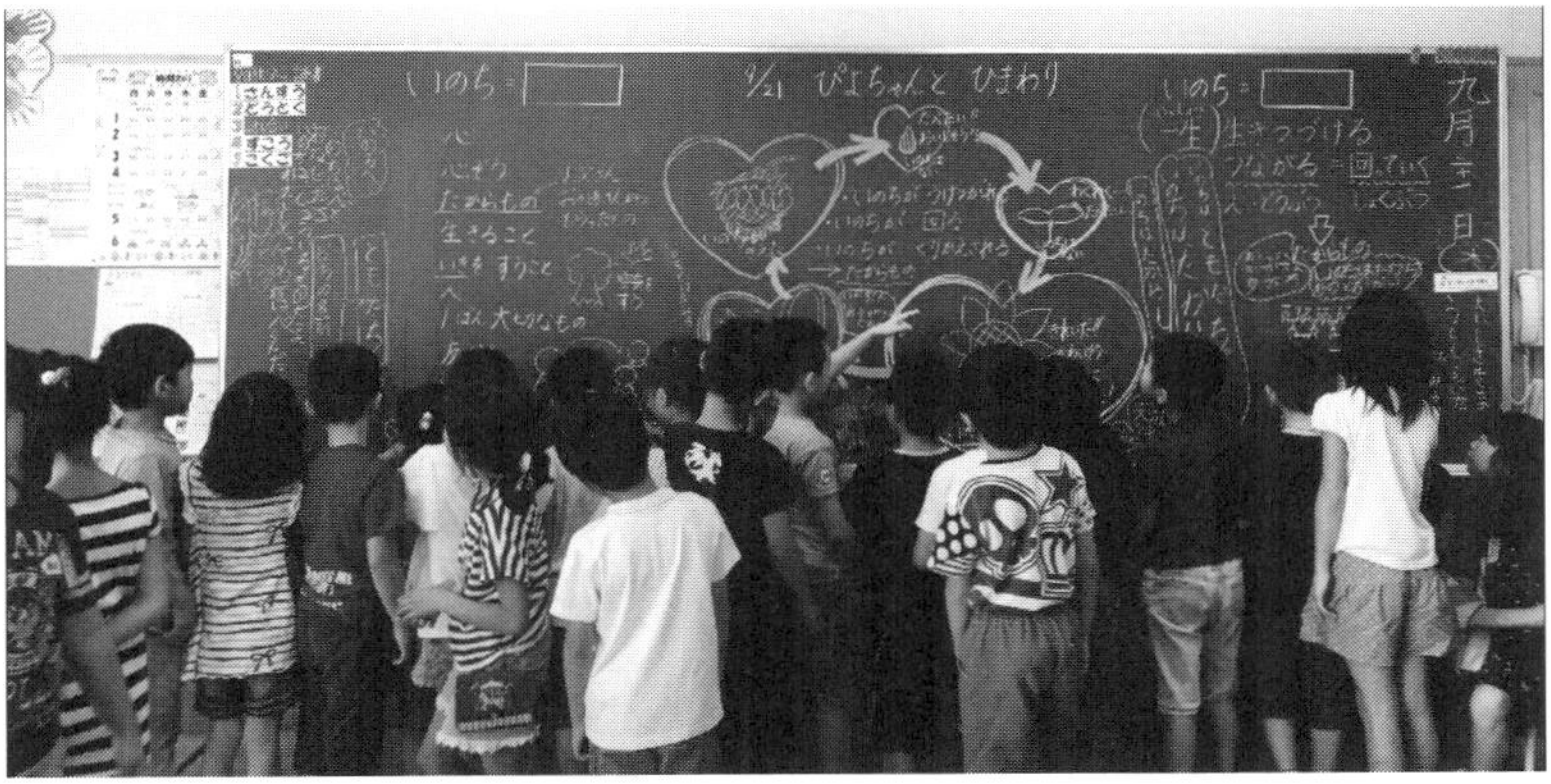

命とは何かについて、再度考えているときに、子どもたちから、「黒板に書きたいです」という言葉がたくさん出ました。普段の授業でも、黒板を自由に開放しながら授業を行っているため、子どもたちは抵抗なく命に対する言葉を書いていました。黒板に子どもたちが書いた言葉を紹介します。

> いのちへ　いのちは、心とおなじだよ。いのちは一生いるものだよ。ありがとう。
>
> いのちへ　いのちくん、みんなのことをまもってね。いのちくん、ありがとう。

命は、先祖から受け継がれているものだと感じられたからこそ出る、「ありがとう」や「大切」という言葉。そして命につけた、名前。短い言葉ではありますが、深い価値を感じることができました。

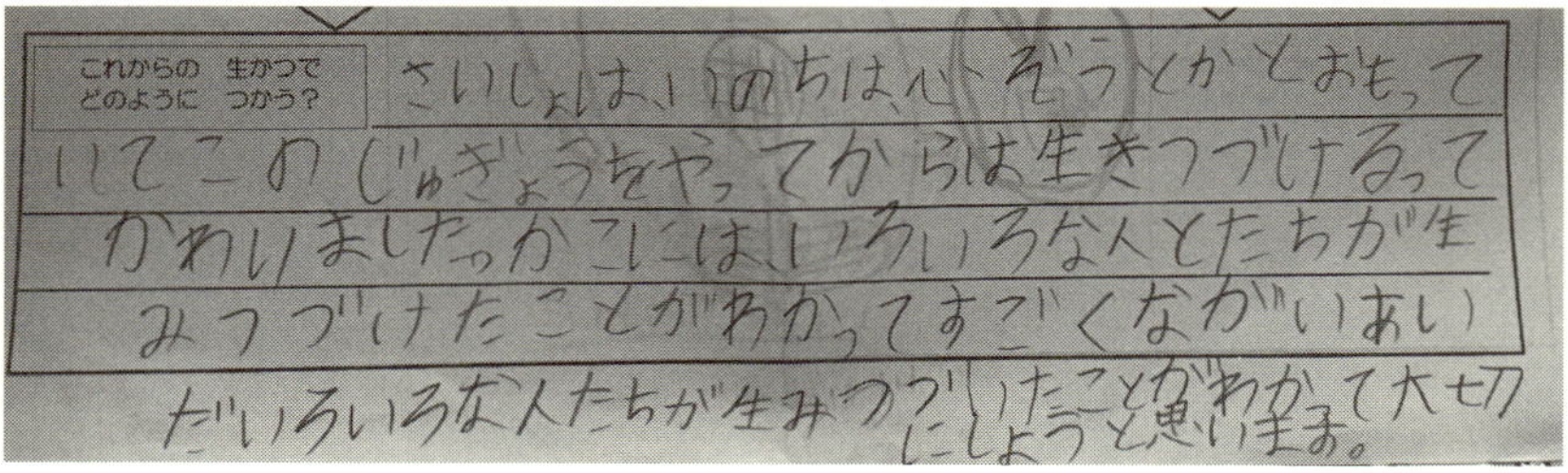
これからの　生かつで　どのように　つかう？
さいしょは、いのちは心ぞうとかとおもっていてこのじゅぎょうをやってからは生きつづけるってかわりました。かこにはいろいろな人とたちが生みつづけたことがわかってすごくながいあいだいろいろな人たちが生みつづいたことがわかって大切にしようと思います。

⑥　評価について

■道徳の振り返り

授業の振り返りの中には、「いのちはうけつがれているものだと、はじめて知りました」という言葉が多かったです。中には、

「わたしは今まで、ママとパパがわたしを生んでくれたとしか思っていませんでした。だけど、このべんきょうをして、かこの人も、わたしを生んでくれたと思いました」

父や母だけでなく、過去の人から受け継いだ命であることを、「かこの人も、わたしを生んでくれた。」と表していました。そして、

「かこには、いろいろな人たちが生みつづけたことがわかって、すごくながいあいだ、いろいろな人たちのいのちが　生みつづいたことが分かって、大切にしようと思います」

過去の先祖から受け継がれた命だからこそ、大切にしなければならない。そう実感していた児童が多くいました。⑴命はつながっている。⑵命は、家族から受け継がれたものである。⑶命は、未来に受け継ぐものである。この３つを感じられたのではと考えます。

■ほめ言葉のシャワーの変容

私の学級では、一人の友達に、他の全員の友達がその子のよさを伝え合う「ほめ言葉のシャワー」を行っています。最近、子どもたちの言葉やクラスの雰囲気が変わってきました。

(1)友達に「ありがとう」と直接伝える子が増えた。
(2)「その人らしさ」を大切にした言葉を選ぶ子が増えた。
(3)学級内が、話していることをしっかりと「聴こう」という雰囲気になってきた。
(4)子どもたちに「笑顔」「リアクション」が増えた。

このようなほめ言葉のシャワーでの変容は、道徳の授業での一時間だけでなく、毎日の道徳教育の積み重ねもあると思います。しかし、道徳の授業で、改めて「命の大切さ」を扱ったからこそ、さらに相手を想い、大切にできるようになってきたのかなと実感します。この子たちが生き続けていく中で、辛い出来事や苦しい出来事もたくさん経験していくと思います。しかし、そんなことがあっても、挫折をしない心をもてるように、そして、「味方がたくさんいてくれるから大丈夫」。そう思えるように、低学年のうちからしっかりと心を育み、高学年、大人へとつなげていきます。

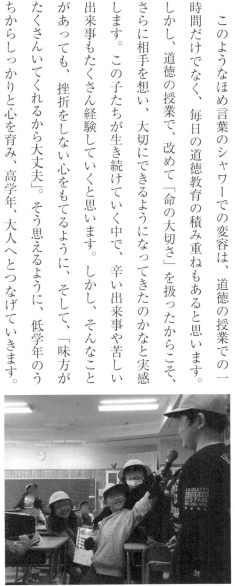

第5章

道徳授業の実際と方向性（教室の事実）

3年 〔家族愛〕ブラッドレーの請求書

髙橋朋彦（菊池道場千葉支部）

①　単元の概要（あらすじ）

ある日、主人公が日々のお手伝いに対する請求書をお母さんに渡し、お小遣いを要求する。次の日の食事の時、テーブルにお小遣いの入った封筒が置いてあり、主人公は喜んだ。お小遣いの入った封筒には、小さな紙切れが入っていた。それは、お母さんからの請求書であった。

・親切にしてあげた代　0ドル　・病気した時の看病代　0ドル
・服や、靴や、おもちゃ代　0ドル　・食事代と部屋代　0ドル

これを見た主人公はお母さんの愛に気付き、お小遣いを返し、お手伝いすることを誓う。

②　学級の実態と、年間を通して身に付けさせたい価値

【年間を通して身に付けさせたい価値】

「人を大切にする」態度
「人から大切にされている」ことへの気付き

私の学級は年度当初、人を傷つける言葉が多く飛び交っていました。休み時間では、遊びの中で自分にとって都合のよいルールを作ったり、ルールを守らなかったりし、毎回喧嘩になっていました。授業では、人の話を聞くことができず、常にざわついた雰囲気がありました。また、他人の意見を大切にせず、自分の主張ばかりする子や、考えがあるにも関わらず、伝えようとしない子も多くいました。教室に認め合う雰囲気はなく、落ち着いた生活が送れないという実態がありました。

これは、「人を大切にする」気持ちが育っていないことと、「人から大切にされている」ことに気付いていないからだと考えました。「人を大切にする」気持ちがあれば、自分の感情をコントロールし、相手を思いやった行動をすることができます。「人から大切にされている」ことに気付けば、自分も「人を大切にしよう」という態度が育ち、行動に移すことができます。年間を通して、自分も相手もお互いを思いやり、「人を大切にする」ことができる子どもを育てていきます。

③ 題材について

親が自分を大切にしてくれていることは、子どもにとって当たり前となってしまっています。本題材を通して、友達だけでなく親からも大切にされているということを見つめ直すことで、「人から大切にされている」と感じられると考えました。そして、今後の生活で自分が親に対してどのような態度で接していくか話し合わせていきます。授業後は、本題材で学んだことを、親に限定するのでなく、いろいろな人から大切にされていることにつなげ、「人を大切にする」態度を養っていきます。

本題材は、次の３つの発問で構成されています。

(1)請求書を渡したブラッドレーの気持ちが分かる。分かるなら○、分からないなら×
(2)０ドルの請求書で、お母さんは何を教えたかったか
(3)これから、どのような気持ちでお手伝いをするか

(1)では、ブラッドレーの気持ちに共感させることで、日頃の行動や考えを引き出します。
(2)では、お母さんの視点で話し合わせ、お母さんの気持ちについて考えを深めさせます。
(3)では、「親から大切にされている」ことが分かった上で、これから自分が「親を大切にする」ための、具体的な行動について考えさせていきます。

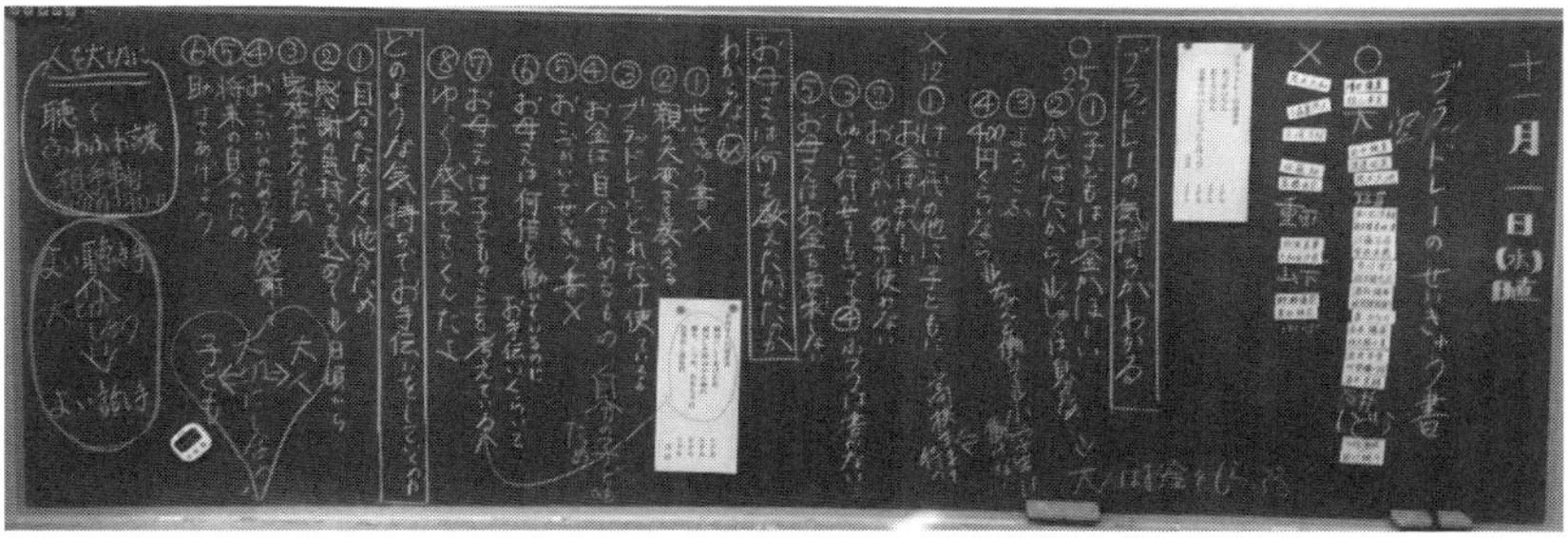

④　授業の概要

発問一　請求書を渡したブラッドレーの気持ちが分かる
活動①　○か×かを決める。　活動②　理由を書く。
活動③　理由を発表する。　活動④　互いに反論し合う。

発問二　0ドルの請求書で、お母さんは何を教えたかったか
活動①　お母さんの考えを書く。　活動②　立ち歩いて話し合う
活動③　全体で意見を交換する。

発問三　これから、どのような気持ちでお手伝いをするか
活動①　考えを書く。　活動②　考えを発表する。
活動③　一番よい方法を決める。

○授業の感想を書く。

⑤　授業の詳細

発問一　「請求書を渡したブラッドレーの気持ちが分かる」

T　気持ちが分かるなら○、分からないなら×と書きます。

すぐに書き始める。友達と顔を合わせ、話し合いたい様子。

T　○か×か、ネームプレートを貼りましょう。

○…25人　×…12人

T　少ない×から理由を発表しましょう。

×の立場の子が自由起立で次々と発表する。

C　習わせてもらっているのに、請求するのはおかしいです。

C　お母さんは要求しないから、要求してはいけません。

T　続いて、○の理由を発表しましょう。

C　子どもはお金をもらいたいと思うのは当たり前です。

C　頑張ったら、お金が欲しいです。

「確かに」というつぶやきがたくさん出る。

C　多すぎはダメだけど、400円くらいならいいと思います。

この意見に、一気に反論し合うムードになる。

■授業後の座談会より

C　今考えても、やっぱり子どももお金が欲しい！

C　400円くらいだしね。

題材から、自分の話へ変わる

C　前に、パパにマッサージする時、お金ちょうだいって言ったの。でも、パパのためにやりなさいってママに注意されたの。親のこと、今まで考えてなかったなあ。

C　親は子どものために頑張ってるんだもんね。

C　子どもも親のために頑張らないといけないね。

C　４００円でも、自分で稼がないといけません。

C　でも、小学生や中学生は働けません。

C　お手伝いをしてお小遣いをもらうことはいいことです。

C　４００円が欲しいなら、高校生になるまで、待つべきです。

C　親は働けばお金がもらえるから、子どもだって一緒です。

「なるほどー」と同意する声がたくさん出る。

発問二　「０ドルの請求書でお母さんは何を教えたかったか」

T　理由を書きましょう。

書けない子が10人くらいいた。

T　自由に立ち歩いて意見を交換しましょう。

意見を交換し、次々とグループを変えていく。

C　子どもにも親の気持ちを分かってほしかったんだよ。

C　なるほど、僕はお金の大切さだと思うな。

自分にはない考えがあることに気付いていく。

C　でも、お金も欲しい（笑）

C　気持ちが大切だよ。まずは、親のためで、それでお金もらえたら嬉しいね。

授業後はどの立場の子も、親を大切にする態度となった。

■授業後の座談会より

C　この時は、子どもを大切にする考えはなかったよ。

C　私の考えは、「親の苦労も分かってほしい！」だったよ。

最初は、「親が子を大切にしている」との気付きは少なかった。

T　意見を発表しましょう。（数字は、黒板の発問二と対応）

C　②親の大変さを教えたかった。

C　⑥お手伝いしただけで、もらえると思わないでほしい。

C　⑦お母さんは、子どものことを考えている。

T　主人公のお母さんは、どの考えだったと思う？

⑥に19人ほど、⑦に3人ほど手が挙がる。

T　先生は、⑦の考えを知ってほしい。なんでだと思う？

迷って、近くの人と話し合う。

C　親は、お金ではなく子どものために働いているからです。

「なるほど」「確かに」と、同意の声がたくさん聞こえた。

発問三　「これから、どのような気持ちでお手伝いをするか」

T　考えをノートに書きましょう。

真剣に書いている様子。

T　考えを発表しましょう。（数字は、黒板の発問三と対応）

C　①自分のためでなく、他人のためにお手伝いをします。

T　⑦の考えはどう思った？

C　それは、最初は分からなかったなあ。でも、先生に言われて、近くの人と話して「確かに！」って思った。

C　⑦の考えを出した、○○君。すごいね！

⑦の考えを元に話し合い、「親に大切にされている」ことに気付き、考えを広げられた。

■授業後のインタビューより

発問3の①～④の子どもに、「なぜ、そう答えたの？」とインタビューをした。

C　②日頃から感謝の気持ちを込めて、お手伝いをします。

C　③家族やみんなのために働きます。

C　④お小遣いのためでなく、感謝してお手伝いします。

意見ごとに、「あー」「なるほどー」と、納得の声が出る。

T　親は、子どものことをどのように考えていましたか?

C　大切に考えていました。

T　そうですね。だからこそ、親も子どもも大切にし合う関係になりたいですね。では、成長ノートを書きましょう。タイトルは、「今日の道徳で学んだこと」です。

つぶやきながら書き始める。

C　お母さんは、子どもに愛を届けたいと思っているんだなあ。

C　僕たちも親を大切にしていかなきゃいけないね。

---

①お金より、人のためになることの方が大切だと思った。

②親が子どもにしてくれていることは当たり前でないから。

③親が大切だと思ったから。

④親の気持ちを考えたら、お金より感謝が大切だと思った。

自分のために何かしてくれていることに気付くことで、人のために何かをしたいと考えることができていることが分かる。

最初は、お母さんが子どもを大切にしていることに気付けませんでした。しかし、授業を通してお母さんの気持ちに気付くことができた子が多くなりました。当たり前になってしまった親の優しさを見つめ直すことで親の愛に気付き、自分の行動を変えようとする子が増えました。

⑥　子どもの変容

■成長ノートから（授業での変容）

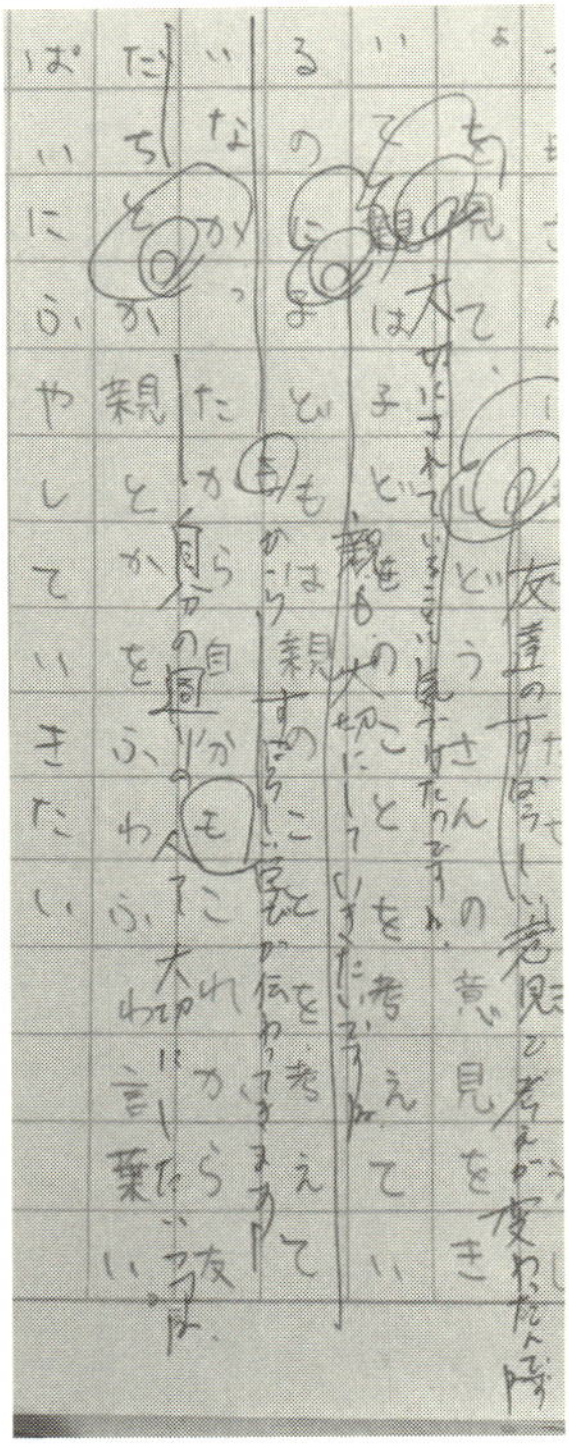

「発問二⑦の意見を聞いて、親は子どものことを考えているのに子どもは親のことを考えていなかったから、これから友達とか親とかを（に対して）ふわふわ言葉いっぱいに増やしたい。」

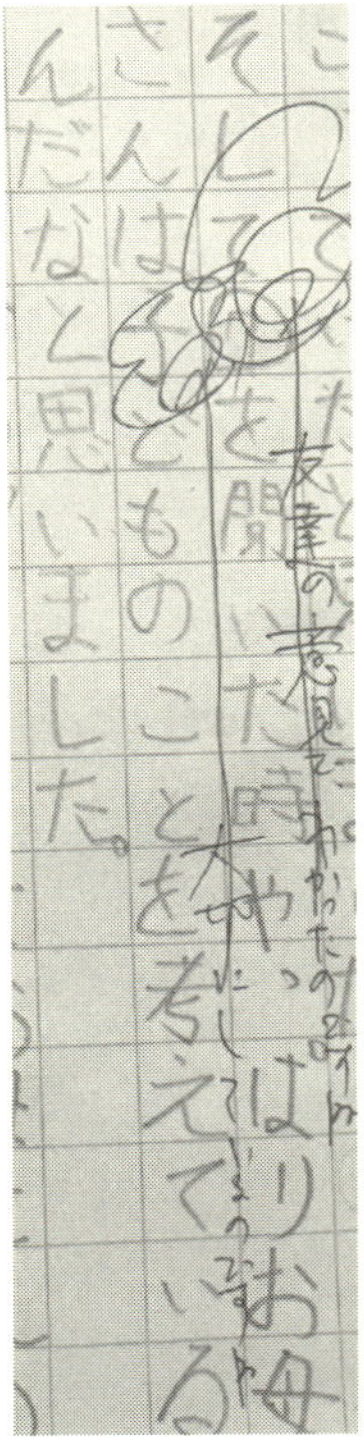

「発問二⑦の意見を聞いた時やっぱりお母さんは子どものことを考えているんだなと思いました。」

発問二⑦の「お母さんは、子どものことを考えている」という意見で、考えが変わる子が多くいました。これからの生活で、親の手伝いをしたり、ふわふわ言葉を使ったりしたいという意見が多く出ました。多くの子どもが、親から大切にされているということに気付くことができました。

■白い黒板から（11月時点での4月からの変容）

タイトル『人と大切にし合うために心がけること』

・困っている人を見つけたら相手軸に立って、助ける。
・友達にも親にも先生にもふわふわ言葉を使う。
・人の話をしっかりと聴き、よい聞き手になる。
・自分をコントロールして、迷惑をかけない。
・思いやりのある行動をする。
・友達のよいところをたくさん見つける。
・何かしてもらったら、ありがとうと言う。
・言葉の相手軸を大切にする。
・ほめ言葉のシャワーの時に価値語を使い、よいところをたくさん伝える。

4月からの学校生活を通して、「人を大切にする」ための意識が育ってきたことが分かります。トラブルは確実に減ってきました。今後は、「マイナスのことをしない」ではなく、「プラスのことをする」という行動に目を向けさせ、さらに「人を大切にする」態度を養っていきます。

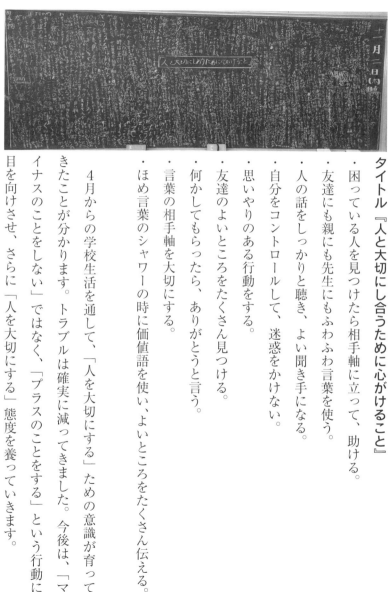

第5章 道徳授業の実際と方向性（教室の事実）

4年 〔公共心・公徳心〕雨のバスていりゅう所で

津田拓也（菊池道場栃木支部）

① 単元の概要（あらすじ）

おばさんの家に向かい、お母さんと出かけたよし子。おばさんの家までバスを使うため、バス停をめざし歩き始めた。外は雨が降っていた。

よし子たちがバス停に着くと、バス停には人が一人も並んでいなかった。バス停に屋根がなかったため、バスを待っているお客さんはバス停ではなく、近くのたばこ屋の軒下でバスを待っていた。よし子たちも他のお客さんと一緒に、軒下でバスを待つことにした。いよいよバスが見えると、よし子はまっすぐにバス停に向かい、一番に乗り込もうとする。その時、よし子のお母さんが、よし子が並ぶべき場所までよし子を引き戻し、順番に並ぶことを教える。いつもと違うお母さんのこわい表情を見て、よし子は自分の行動を考え始める。

②　学級の実態と、年間を通して身に付けさせたい価値

年度初めの黄金の3日間。休み時間は教室を走り回り、授業開始のチャイムが鳴ってもなかなか椅子に座らない子どもたち。担任が座るよう指示をしてもなかなか聞かず、指示が通らない。このような姿が目立っていました。当時の子どもたちは、規範意識が低く、秩序が徹底されていませんでした。当時の子どもたちにとって、ルールというものは面倒なものであったり、ストレスのたまるものであったりと、ルールの価値を理解していない様子でした。また、利己的な発想から生まれる友達同士のトラブルも多くありました。相手を意識した行動の乏しさは、ルールが徹底されていないことから生まれる相手不信が影響していると感じました。

そこで、私は「ルールは一緒に暮らしている人々全員が、気持ちよく平和な暮らしを実現するためにある」という価値を、年間を通して伝えたいと考えました。子どもたちが日々相手を意識した行動を考え続けられるよう、環境を調えていきたいと考えたのです。一人でもルールを破ってしまう人がいると、必ず不満をもつ友達が出てきます。このようなことを日々の生活や道徳の授業などを通して学ばせていくことで、ルールを守ろうとする規範意識が高まり、相手に寄り添った行動ができる子どもが増え、トラブルの減少につながると考えました。

③ 単元（題材）について

本単元で授業を行ったのが6月でした。それまでに、教室の環境を調えてきました。最も力を入れたことは、子どもたち一人ひとりのよさを見つけ、価値付けてほめるということでした。そうしたことで、子どもたちと担任の距離が縮まり、子どもたちの話を聴く態度に変化が起きました。「信頼できる人の話を聴く」ということは、大人の世界でもそうだと思います。子どもたちが聴けるようになると、担任の思いが伝わっていきます。そう感じたのが6月でした。このタイミングでルールについて考えさせたいと思い、この単元で授業を行いました。

本単元では、よし子の行動について考えさせると、順番を守らないよし子の行動が悪いと考える子どもたちがほとんどになるだろうと予想されます。そこで、前項に上げたルールの価値に触れる展開にするために、敢えてよし子の順番を守らない行動は母を早くバスに座らせたいという「母への思いやり」なのではないかという切り返しを用意しました。この展開にすることで、「母一人への思いやり」と「バスを待っていた周囲の人々への思いやり」との比較になり、「ルールは守らないといけないこと」や「思いやりは大切」という子どもたちの建前上の感覚を揺さぶることにつながると考えました。そして、そこから新しい公徳心や思いやりの価値観を学ぶことにつながるのではと考えました。

授業の導入と終末には「ルールとは何か」を問う同じ発問をしました。ルールの価値の変容を子どもたちに可視化するためです。

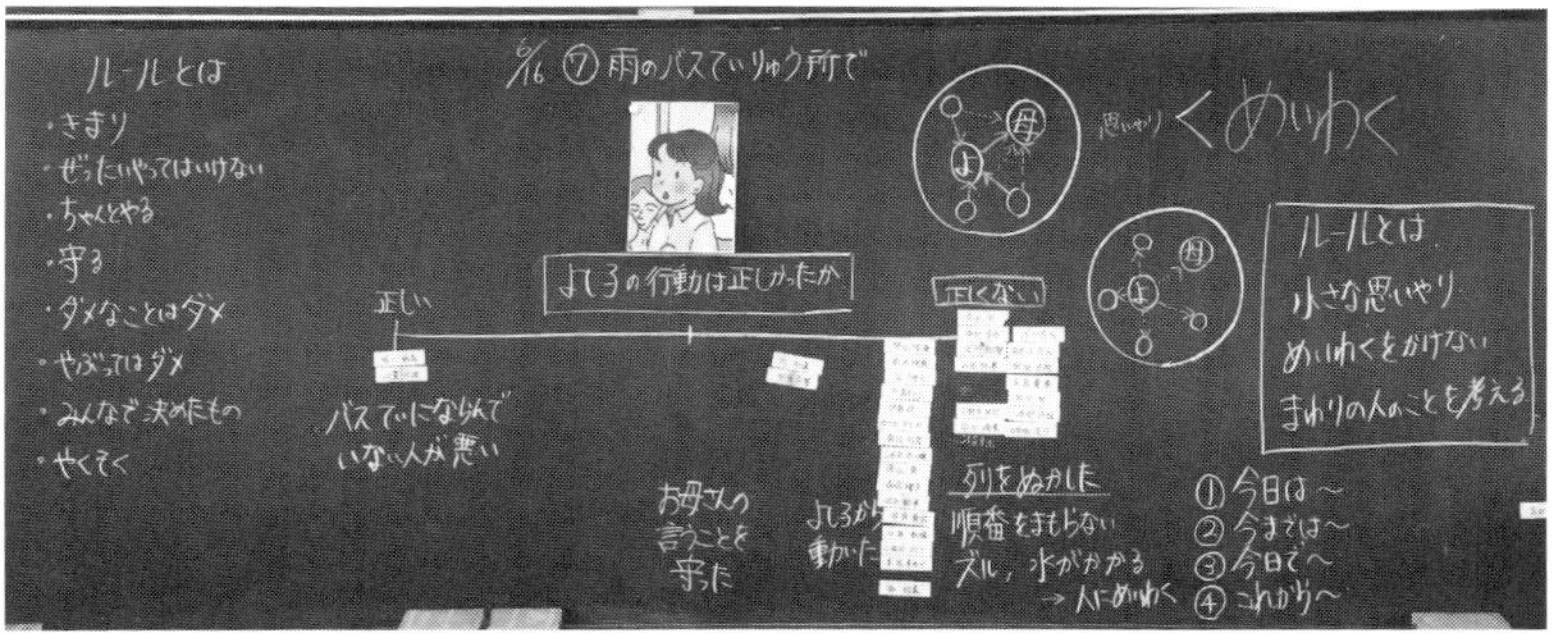

④ 授業の概要

発問一　ルールとは何か

活動①　近くの友達と相談　　活動②　発表

発問二　よし子の行動は正しかったか

活動①　正しいか正しくないか、その理由も含めてノートに書く

活動②　友達と意見を交流する　　活動③　意見を発表する

（話し合いの展開次第で、補助発問「よし子の行動は思いやりではないのか」を問う。）

発問三　ルールとは何か

活動①　近くの友達と相談　　活動②　発表

○ノートに授業の振り返りを書く。

⑤　授業の詳細

■発問一の場面　子どもの硬い思考の確認

「絶対やってはいけない」「絶対に守らないといけないもの」「破ってはダメ」

授業の始めに子どもたちに聞いたルールのイメージです。どうしてルールを守らないといけないのかということよりも、ルールは絶対守らねばならないという硬いイメージが先行しているのだなと気付きました。ルールは守らないといけないと頭ごなしに教えられた弊害だと感じました。

■発問二の場面　「なぜ？」の多用→深層に迫る

よし子の行動に対して「正しい派」２人、「正しくない派」31人と、予想通りよし子の行動がよくないという意見が多いことが分かりました。その理由を聞いてみました。

C　列を抜かしたことは悪いことだから

C　順番を守らないことはよくないことだから

T　なぜ順番を守らないのはよくないのかな。

C　周りの人に迷惑だから。

T　ん？迷惑ってどういうこと？

C　よし子が来る前から待ってる人がいたから、その人たちの方が長時間バスを待っているわけだから、最初によし子がバスに乗ったらかわいそう。

「なぜ?」と聞き返すことで子どもたちのルールに対する思いが徐々に見えてきました。子どもの意見を深掘りせず進めていくと、価値項目の価値が子どもたちに浸透せず、うわべだけの授業になってしまいます。聞き返すことで子どもたちの心の深層に迫っていけるのです。

■補助発問の場面　想定外の思考→本音の学び合い

T　よし子はもしかしたら、お母さんを早くバスに乗せて座らせたかったんじゃないかな?これって思いやりだよね。

教室がピタッと静まり返りました。子どもたちの想定外の瞬間です。想定外の切り返しや発問をすることで、子どもたちは心が揺さぶられます。ここから考え議論する道徳が始まります。

C　確かに思いやりだけど、周りの人はいい思いをしていない。

C　周りの人にとっては結局迷惑。

T　みんなの言ってくれたことをまとめると、母への思いやりよりも周りの人々への迷惑が許せないということかな?

「なぜ?」の切り返しと想定外の発問をしたことで、自分以外の周りの人を意識した意見が出てきました。

T　では、周りの人々がいい思いをするためにはどうすればよかったのかな。

C　順番を守ればよかった。

T　なるほど。ルールを守れば、周りの人々がいい気持ちになるんだ。これって思いやりだよね。

■発問三の場面　子どもの柔らかい思考の生成

T　今日の授業で、ルールのイメージは変わりましたか。新しいイメージを言ってみてください。

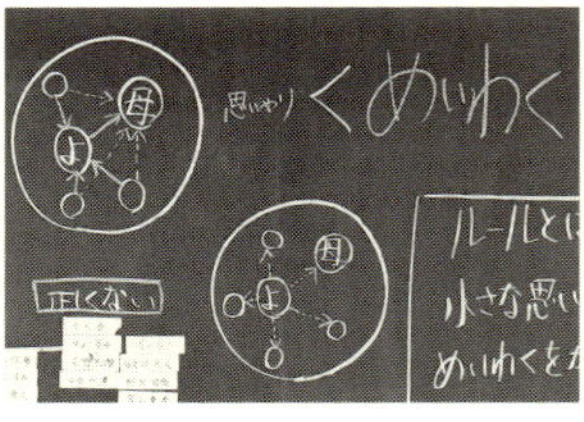

C　小さな思いやり。

T　○○さん、それってどういうことかな。

C　ルールを守ることは見えないけど、それも思いやりだと思った。

T　見えない思いやりもあるってことだね。

明らかな変化でした。ルールは守らないといけないというイメージしかなかった子どもたちが、ルールは思いやりで成り立っているという新しい価値観を見つけたのです。

授業の始めと終わりに同じ発問をすることで、始めよりも終わりの方がルールを守るということに関してプラスのイメージが加わっていることが分かります。プラスのイメージをもった子どもたちは、さっそく学校生活で実践しようという思いになるのです。

⑥　子どもたちの変容

■成長ノートから

子どもたちの振り返りに書かれていた言葉です。

> ルールとは、今まで絶対に守らなくてはいけないものだと思っていました。今日でそのイメージが変わりました。周りの人のことを考えることもルールだと思いました。自分でルールと思っていても、周りの人が嫌な思いをしていたら、それはルールではないと思います。
>
> 今日で、ルールを守れば周りがいい気持ちになることや、守らないと嫌になる人が出てくることが分かりました。これからは、ルールを守り、周りの人をいい気持ちにしてあげたいと思います。

自分中心で考えるのでなく、周りの人のことまで考える相手意識が芽生えた振り返りでした。ルールは守らなくてはいけないという硬いイメージではなく、周りの人のためにルールがあるんだという柔らかいイメージに変わっているのが分かります。そこから、ルールを破ると周りの人に迷惑になること、ルールを守るだけでも思いやりなのだということが理解できたようです。相手意識の発想をもつことで、相手のためにルールを守ろうという感覚をもつことができました。

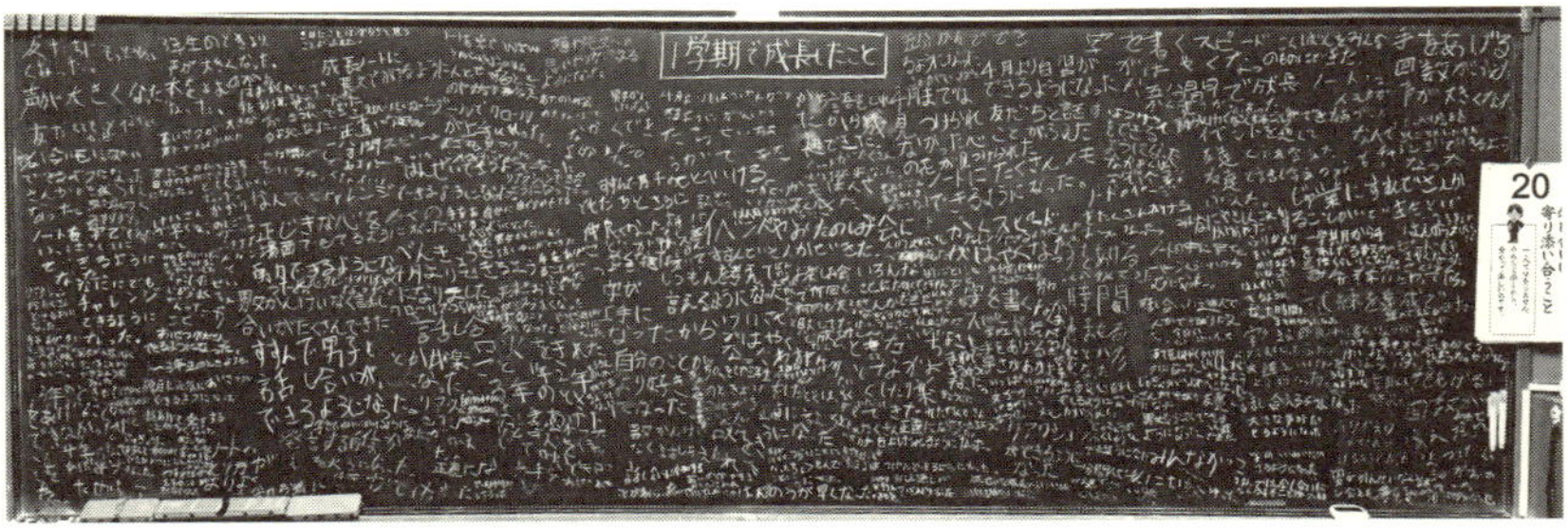

■白い黒板から『一学期で成長したこと』

一学期最終日に、一学期で成長したことについて黒板に書かせました。

・時間を守ることができるようになった
・決めたことを守るようになった
・忘れ物が減った

このように、ルールを守ろうと意識してきた子どもの足跡が見られました。白い黒板にこのような形で自分の変容を書ける子どもが現れた要因は、二つあったと感じます。一つ目は、道徳の授業でルールについて考えさせたことです。なぜルールを守らなければいけないのかを、周りの人々への思いやりで考えさせたことが大きかったと感じます。ルールを守ることに対して、プラスのイメージをもつ子どもが増えました。二つ目は、学校生活の中で何らかのルールを守れていた子どもを見かけた時は、授業で学んだことを受け、周りの人々への思いやりと重ねて価値付けして称賛してきたからだと感じました。授業だけでなく、学んだことを日常で実感を伴って理解させることで、ルールを守るということを体で覚えることができ、自分の確かな力になっていくと感じました。

■子どもたちへのインタビューから

10月にクラスメート全員を対象とした教育相談がありました。その際に、1学期よりも学校が楽しくなったと答えてくれた子どもたちがいました。その子どもたちに理由を尋ねると、こんな答えが返ってきました。**「喧嘩することがなくなったから」**

ルールが徹底されることで、友達や担任への不信、学校嫌いの出現などを軽減できることが分かりました。つまり、規範意識の高さが学級の雰囲気に直結しているということです。

ルールを守ることの価値を伝え続けてきたことで、クラスの中に救われた子どもがいたということが分かりました。そのきっかけは道徳の授業であったかもしれませんが、道徳の授業を迎えるまでに教室環境を調えてきたこと、授業後もルールを守ろうとしている行為をほめ称えてきたことなど、道徳以外の時間のアプローチも子どもたちの心の変容には欠かせないことが分かりました。一回の授業では子どもは変わりませんし、変容はいつ起きるか分かりません。常に子どもたちを信用し、見守ることが大切だと感じました。

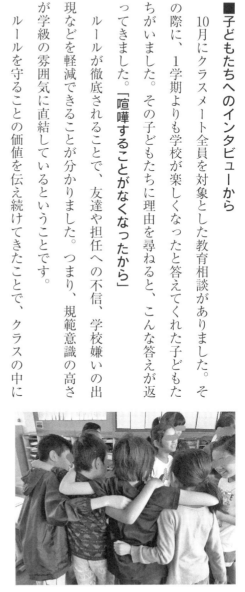

第5章

道徳授業の実際と方向性（教室の事実）

6年 〔寛容・謙虚〕銀の燭台

加倉井英紀（菊池道場福島支部）

① 単元の概要（あらすじ）

この資料は、ビクトル・ユゴー作『ああ無情』の一つの場面を取り上げたものである。主人公のジャン・バルジャンは長い服役を終え出所してきたが、誰もが敬遠した。そんなときにミリエル司教は彼を温かく迎えたのであった。しかし、ジャンは、銀の食器を盗んで逃げてしまう。しかし、憲兵に捕まって連行されたジャンに対し、司教は怒るどころか食器はあげたものであると言い、さらに銀の燭台まで持たせた。

これを見た主人公は司教の深い寛容の精神に感動し、改心の心を強めた。「罪を憎んで人を憎まず」という言葉通りのキリスト教の精神に基づく寛容の心が示されている資料である。

② 学級の実態と、年間を通して身に付けさせたい価値

私が平成29年度に担任した学級は、６年間単学級で過ごした子どもたちでした。小さい時から気心知れた間柄であり、友達同士の仲は良好です。しかし、友達関係が固定化しているため、多様な意見が出にくい傾向があります。また、友達の考え方に対する固定概念があるため、人と論を区別することがあまりできず、話し合いが盛り上がってくると、感情的になってしまう場面も見られるように感じます。さらには、物事に対して、他人事的な一面も見られ、参加者意識や公を意識する力についてはもっと改善していく必要があるように感じていました。

そこで、年間を通して、次のことを意識して指導していきました。

「出席者ではなく参加者になる」
「相手の考えを受容する力」

出席者ではなく参加者になることで、あらゆることに本気で取り組める人間に育っていくと考えます。また、相手の考えを受容する力を身に付けていくことで、「まあ、いいか」と相手を受け入れる寛容な心が磨かれていきます。そして、それらの価値を身に付けていくためには、道徳の授業を要として、対話を通して、お互いの考えを磨き合う活動が必要であると考えます。

③ 単元（題材）について

本題材では、広がりと深まりのある人間関係を築くために、相手の意見を素直に聞き、相手の立場に立って考えようとする態度を育てていくことを大事にします。年間を通して身に付けさせたい「相手の考えを受容する力」です。また、自他を尊重し、過ちを許そうとすることの大切さにも気付くようにしていきたいものです。その際、広い心をもつことがよいという一面的な考えだけでなく、多面的に寛容さと謙虚さを捉えさせていきます。

本題材では、主に次の3つの発問で授業を構成しています。

(1) 主人公のジャンが銀の食器を持っていった行動は〇か×か
(2) この司教が行った行動は〇か×か
(3) 許してあげることはどういうことなのか

(1)では、ジャンの気持ちに寄り添い、(2)では司教の気持ちに寄り添いながら、その行動の善悪の判断をしていきます。その際、自分の善悪の判断が正しいのかどうか反対意見の理由を聞くことや揺さぶりの補助発問を入れることで、多面的に考えを深めさせていきます。そして、(3)の発問にして、迷いながらも多面的な考えをもつことができると考えます。

④　授業の概要

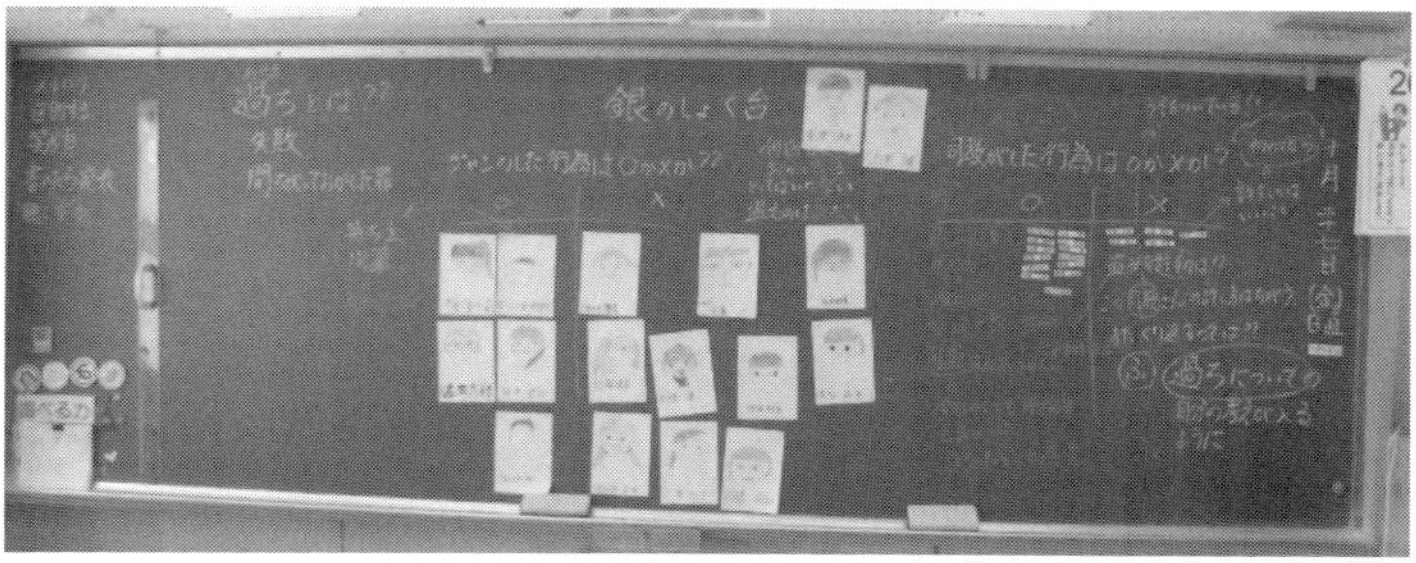

○「過ち」とは何かを考えさせる。（辞書も活用）

発問一　主人公のジャンが銀の食器を持っていった行動は〇か×か

活動①　〇か×かを決める。　活動②　理由を書く。

活動③　理由を発表する。　活動④　互いに反論し合う。

発問二　この司教が行った行動は〇か×か

活動①　〇か×かを決める。　活動②　理由を書く。

活動③　理由を交流する。　活動④　互いに反論し合う。

発問三　許してあげるというのはどういうことなのか

活動①　考えを発表する。

活動②　自分の学級に置き換えて考える。

○授業の感想を書く。　○感想を発表する。

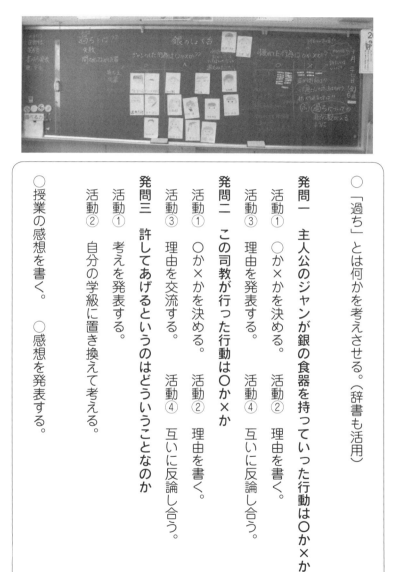

⑤授業の詳細

■発問一の場面　過ちについて多面的に考える

Ｔ　ジャンのしたことがやっても構わないことなら○、やってはいけないことなら×と書きましょう

多くの児童がすぐに書き始めました。友達と顔を合わせ、悩みながら書く児童もいました。

Ｔ　どのように考えたのか考えを言ってみてください。

多くの児童から次のような考えが出ました。

> どんな理由であれ、人のものを盗むのはよくないことだと思います。
> 盗もうという思いがあったのだから結果的に許してもらえてもよくないことだと思います。
> 前にも、過ちを犯しているのだからよくないことではないかと思います。

Ｔ　今の意見では、盗みというものはよくないと言っていますね。今度は、反対意見の○から理由を発表しましょう。

> たとえ盗んだとしても持ち主が許してくれたのだからいいのではないか。

持ち主と和解が済んでいるなら罪には問われないのではないか。

過ちについて、あらゆる見方ができることを確認することで、主人公のその行動を多面的に捉え、その後の考えを深めていく土台ができあがっていきました。

■発問二の場面　葛藤の場面からその先へ

T　司教さんが行った行為はよい行動なら○、誤った行動だと思うなら×と書きましょう。

考え込みながらも意見を成長ノートに記入しました。

ここでは、誤った行動と捉えた児童からは、次のような意見が出ました。

盗んだこともいけないことだし、それを許す司教もいけないことだと思う。
ジャンが盗んだことを許したら、もっと犯罪を犯すかもしれない。
何回も過ちを犯している人を許してはいけないと思う。
よくよく考えると悪い人を守るために、司教さんも嘘をついているじゃないですか。許し方が違うのではないでしょうか。

司教さんはよいことをしていると思っていた子どもは、司教さんも同罪ではないかという意見を聞いて、「ハッとした」表情に変わりました。教室にモヤモヤ感が漂いました。
次に、司教さんはよいことをしていると答えた子どもは次のような意見を言いました。

> 司教さんが許してあげなかったら他のところでも罪を犯していたかもしれない。司教さんが許してあげたからこそ、ジャンは自分の過ちに気づき、もう2度とやらないと考えられたのではないか。

その後、ある子が次のようなことを発言しました。

> 許してあげることが、司教なりの反省のさせ方ではないか。

司教さんは、単に「優しさ」で許してあげたと捉えるのではなく、その行動の中に主人公への「厳しさ」もあったのではないかと捉えていました。許すことが「優しさ」ではなく、「厳しさ」と感じていたようでした。こういった発言が考えを深めさせてくれます。

■発問三の場面　価値を支えるもの

ここでは、次のように発問しました。

T　司教さんのようになんでも許してあげることはいいことなのですか。

C　よい行動だと思います。

T　司教さんの反省のさせ方ってすごいなと思いました。だって普通、何回も罪を犯している人のことを許せる？

C　「信じている」からだよ。（ボソッとつぶやく声が。）

T　なるほど。信じるか。

T　これって、学級での学習発表会の練習でもつながるかな？

T　例えば、練習にうまく参加してくれない人がいることもあるけど、これに対して、怒る子ってこの学級にいないよね？（子どもたちがうなずく）。どうしてなの？

C　だって、本番はしっかりみんなでやれるって信じているから。

C　やるときはやるから。

司教さんの寛容さと謙虚さについて考える上で、多くの子どもたちが相手のことを「信じる」という強い思いがあることが、前提にあると感じていました。この話から、一つの価値を支える上で、様々な価値が絡み合っていることを学びました。また、「寛容や謙虚」について自分たちの生活に置き換えて考えてみることで、多くの子どもが実感を伴った言葉にすることができました。

⑥　子どもの変容

■成長ノートから

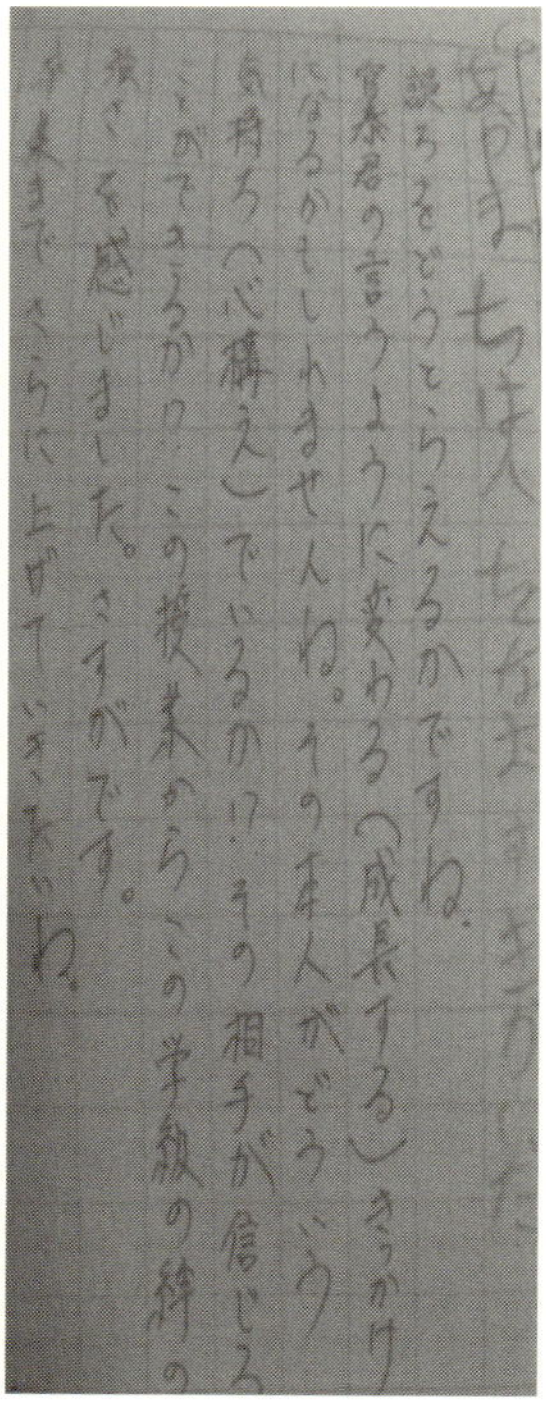

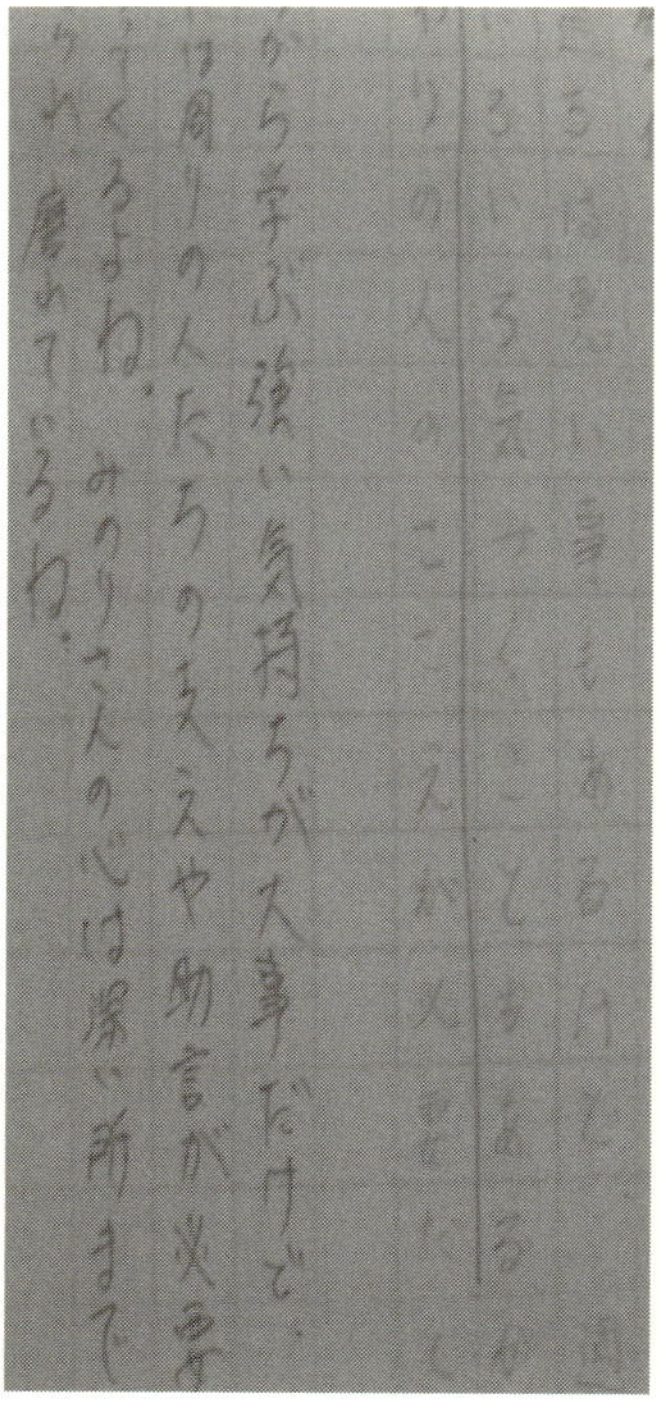

『過ちは人を素直にするよい機会だ』と振り返ったこの児童は、この授業で信じることと前向きに過ちを捉えることの大切さを学んでいました。

うまくいかないことがあっても、そこから前向きに捉えられるような力強さを感じました。

『過ちは悪いこともあるけど、過ちでいろいろと気付くこともあるから、周りの人の支えが必要だと思った』

と振り返ったある子は、この授業を通して、寛容さとは何か、信頼し合える仲間の存在の大切さを感じ取っていました。

■座談会から（道徳授業から約2週間後に実施）

過ちについて数名の子どもたちを集めて話し合わせました。

T　過ちってなんですか?

C　失敗。

C　自分の足りなかったこと。そこを足していけばよいだけ。

C　未成功だよ。

C　なんか過ちっていうと、やってはいけないことをしてしまったことではないですかね。今言った前向きにできていないことは過ちとは言わないのではないか。悪いことをすることが過ち!

C　友達や他者が直してくれたり、サポートしてくれたりしたら『過ち』。そして、それに気付かせてくれなかったり、気付いていても本人が直さなかったりしたら『失敗』になるのではないですか。

T　それじゃ、自分の心の中だけで悪いことしてしまったなと思うだけではどうなの?

C　思っていても、『はい。終わり』とかで終わってしまったらだめだと思う。

C　ようは、過ちを肯定的に捉えるか。否定的に捉えるかじゃないかな。

過ちを単に、悪い事と一面的に捉えるのではなく、どのように捉えるかが寛容さにつながると感じ取っていました。また、そのためには相手のことを「信じる」ことが大切だと改めて捉えていました。

第5章 道徳授業の実際と方向性（教室の事実）

6年 〔正直・誠実〕手品師

古舘良純（菊池道場千葉支部）

① 単元の概要（あらすじ）

あるところに、腕はいいが、あまり売れない手品師がいた。もちろん暮らし向きは楽ではなく、その日のパンを買うのもやっとというありさまだった。

ある日、手品師は男の子と出会う。男の子は、お父さんが死んだ後、お母さんが帰ってこないのだと言う。しかし、男の子は、手品師が見せる手品で元気を取り戻した。そして、「明日も来てくれる？」と言う男の子に、手品師は「きっと来るさ」と約束をした。

その夜、手品師のもとに少し離れた町に住む仲の良い友人から連絡があった。なんと、大劇場に出られるチャンスがあるのだと言う。手品師の頭の中には、男の子と華やかなステージが代わる代わる浮かぶのだった。翌日、手品師は…。

知らないふりをする。誰も何も言わない。本当のことが分からない。私じゃありません。そんな4月だったように思います。「誠実・正直」とは真逆の感じでした。本当のことをごまかすことに力を注ぐあまり、自分自身の本当の気持ちまでもごまかしているような感じを受けました。

また、よく言えば「真っ直ぐ」であり、悪く言うと「自分がない」とも感じていました。深く考えることもせず一方を選択し、周りの友達が右だと言えば右、左だと言えば左に流れていました。その時の気分で判断したり、自己中心的、利己的な選択をしたりしていました。

「こんなことをしたら誰かが悲しむかな」とか、「こっちを選んだら何を失うかな」など、取捨選択することの意味を考えることはなかったのです。一般性のない価値観や負の同調圧力のようなものを根拠にして判断していました。そうした状況に慣れきっているとも感じました。

日々の生活をより充実させていくためには、自分自身の心に嘘をつかないこと。つまり、正直であることが大切です。隠しごとをしたり、曲がったことをしたりすれば、その心は曇ります。本質を見極め、向かい合おうとする誠実な心からは離れていくはずです。

子どもたちがこれから公社会で生きていく上で、自分自身に対して恥ずかしくない生き方をしていくためにも、物事に真摯に向き合ったり、勇気をもって事実を受け止めたりすることができるようになってほしいと考えています。

③ 単元（題材）について

この「手品師」という資料はとても有名なお話です。平成30年の教科化では、8社の教科書の内、5社に掲載されています。また、「男の子との約束を守るか」「大舞台のステージを選ぶか」というジレンマ的な問いが生まれやすい状況は、子どもたちにとっても考えやすいでしょう。

本資料のよさは、「約束を守ればよい」「約束は守るべきだ」という分かりきったことを問うものではないということだと考えます。もちろん、約束を守ることは大切であり、揺るぎないものです。しかしその裏に、「自分の心に本当に正直だったのか」という問いが生まれます。「心の揺れ」が生じるのです。子どもたちの中に、葛藤が生まれます。

手品師は、その日のパンを買うのもやっとの生活でした。いつか大舞台のステージに立ちたいという夢ももっていました。最後の最後、男の子との約束を守ると決めた時、生活のことや夢のことを全て切り捨てられたのでしょうか。自分の心に対して、本当に正直な決断だったのでしょうか。

子どもたちは、「約束は守るもの」「破られたら嫌な気持ちになるもの」と分かっています。だからこそ、その先にある、「約束を守れない場合もあるのではないか」「何とかして板挟みの状況を打開できないものか」ということを考えたいのです。

パンも買えない。連絡してくれた友人がいる。そして男の子との約束…。子どもたちの思考を揺さぶり、「誠実」「正直」であることについて向き合い、深く考えることのできる資料なのです。

④　授業の概要

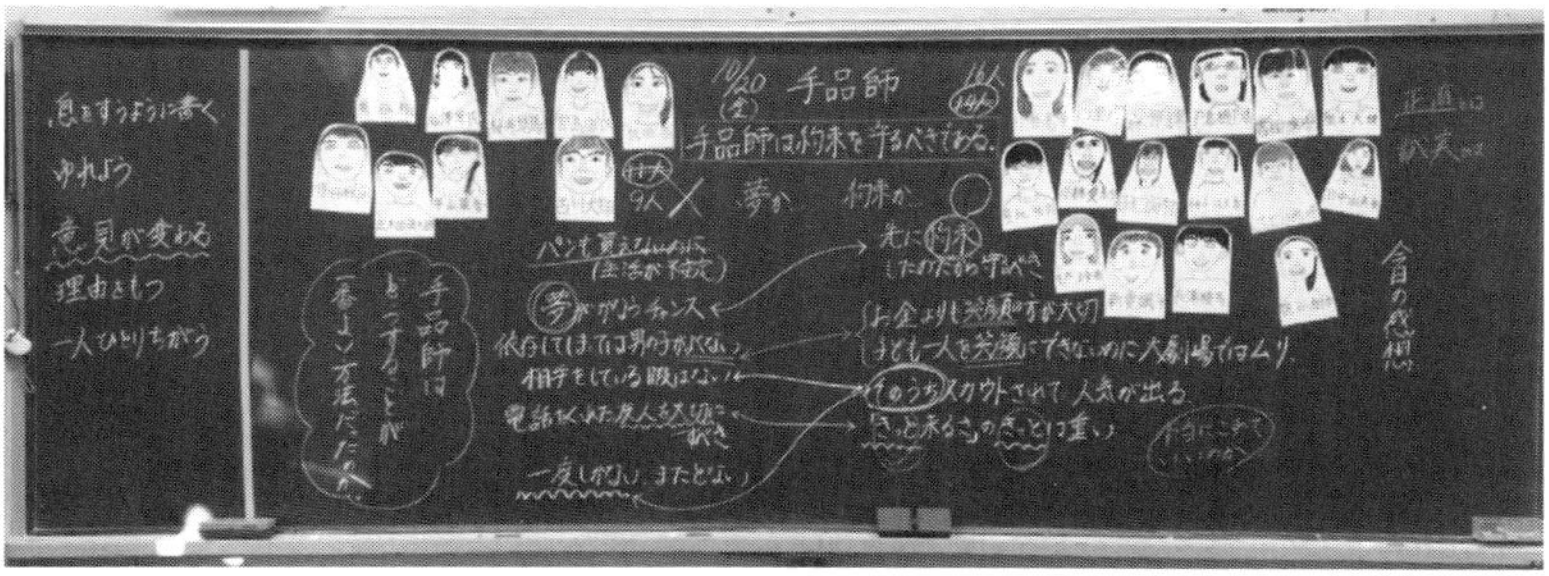

発問一　手品師は、男の子との約束を守るべきである。○か×か

活動①　○か×かを決める　　活動②　理由を書く

活動③　立ち歩いて交流する　　活動④　互いに反論し合う

発問二　大舞台への誘いがあった。それでも、約束を守るべきである。○か×か

右の活動①～④を繰り返す

発問三　手品師はどうすることが一番よかったのか

活動①　方法を考え書く。　　活動②　考えを発表する。

活動③　一番よいと考える方法を決める。

○授業の感想を書く。　　○感想を発表する。

⑤　授業の詳細

■発問一　手品師は、約束を守るべきである。○か×か

T　本文を途中（「きっと来るさ」）まで読み、発問する。

C　○…21人　×…４人

T　理由を書きましょう。書いたら教えてください。

C　守らなくていいです。「明日も暇だ」なんて気持ちで行くのは、男の子に逆に失礼です。

C　パンも買えないのに、子どもを相手にしている暇はないです。

C　男の子一人を元気にできなければ、大劇場でも大勢の人を幸せにはできないと思います。

C　お金がなくても、男の子を笑顔にさせられたらそれでいいと思う。

○派は、「感情派」であり、直観的に約束を守ることを選んでいました。×派は、「現実派」で、本文から引用をしながら意見（主張）を組み立てていました。「心の揺れ」はまだ起きていません。

半々に分かれました。もっと○の人数が多いだろうという予測をしていました。

×の意見は本文の引用があり、「確かに」という空気が流れた一方、「約束は大事！」という○の意見はどこか主張として弱い感覚がありました。「何となく」の○派を「揺らす」ことで、○を◎に強めたり、×に変容させたりする議論を生み出したいと考え、子どもたちのやりとりを聞いていました。

■発問二　大劇場の舞台に立つチャンスがきた。それでも約束を守るべきである。○か×か

T　本文を途中（手品師は迷いに迷ってしまいました）まで読み、発問する。

C　○…16人　×…9人（5人移動）

T　はい、起立！話し合いましょう。

C　（自由に立ち歩き、教室各所で話し合う。）

9人が最大（写真）で、その他は2～5人のグループで話し合う様子が見られた。

C　やっぱり、夢が叶うんだったら大劇場に行きます。

C　子どもの信頼は失うけど、大劇場で多くの人を笑顔にしてみせます。

この2人は、○から×に意見を変えた子です。黒板の5分の1で、「意見が変わる」ということを価値付けました。周りの子から「まじかよ～」と、いい意味でいじられていました。そこで私は、「ごめん！○か×かで選択させるから悩むんだよね！ごめん！」とフォローしました。「そうだ！」と温かい笑いが起きました。

この場面で本文を読んでいるとき、「お～」という声があがりました。「大劇場に出られるチャンス」という言葉に反応したのです。子どもたちにとって、「待ってました！」という感覚です。

発問一の○か×かの判断に「揺さぶり」をかける場面です。

教師は声の大きさ・高低、表情など、パフォーマンス術を駆使して、この瞬間を生み出します。

子どもたちは発問二の「揺れ」の場面を楽しんでいます。

■**発問三**　手品師は、どうすることが一番よい方法だったのか？

T　本文を最後まで読み終える。

C　（○派も×派も何か煮え切らない様子）

T　発問する。成長ノートに書かせる。

C　（3分間程度、黙々と書く）

T　教えてください。

C　一緒に大劇場に行けばいいと思います。

C　置手紙を書いて、大劇場に行く。

C　大劇場に行き、終わったら、帰ってきてその子に謝る。そして、男の子にも手品を見せる。

子どもたちの思考は、「約束を守るか守らないか」の二項対立から離れていきました。学びを個に返した（成長ノート）ことで、内側の白熱を促すことができました。

私は、「帰ってきて謝る」と言った子の発言に注目しました。否を認め、素直に謝ることが難しい過去をもっていた子の発言でした。45分の中でも、そうした変容に目を向けることが重要です。

最後は、学びを個に返すための成長ノートの時間を確保したいと考えています。発問三の場面と感想の場面です。話し合いの中で考えたことや、意見を聞いて思ったこと。それを受けてさらにどう考えたなど、集団や全体での話し合いの後には必ず成長ノートの時間を位置付けるのです。それが、45分の変容や、年間を通した変容の見取りにつながっていきます。それらの言葉には、教師が思う以上の変容がたくさん見られるのです。

⑥ 変容について

この手品師の授業では、○（男の子との約束を守る）と、×（約束を守らずに、大舞台のステージに出る）の選択を迫り、「どうすることがよい方法だったのか」を最終的な問いにしました。授業後の成長ノートを読むと、○から×へ、×から○へ変容していました。もちろん○のまま、×のままという子もいました。ただし、その意見や考えは、どれも力強いものでした。

私には、何が正しくて、何が正しくないかという判断はできません。しかし、この45分間で子どもたちが「考え、議論した」ということははっきりと言えます。子どもたちの思考が揺れながらも、自分なりの考えを追究した時間だったと言えます。

では、変容について少し紹介していきます。

(1) 自分の心に素直になった子ー授業後の座談会にて

○から×へ変わりました。約束を守らず、大舞台へ行くと判断したのです。45分の中での変容もありますが、何より「約束を破る」というイメージがない子の判断でした。その子が最終的に×を選んだことに驚きました。

周りからも「あの子が?!」というリアクションがありました。しかし、彼女なりの考えでは **「やっぱりあの状況で一番大事なのは、自分じゃないかなあと思うから。それが、人生を変えるかもしれないからです」** と成長ノートに書いていました。そして、感想には **「すごい揺れた。頭が疲れま**

した」と書かれていました。

授業後に聞いてみると、もちろん男の子との約束は頭の中にあるけれど、それでも天秤にかけたときには大舞台を選んでしまうと話してくれました。全て割り切れているわけではなかったのです。自分の心に素直になり、×を選んだ彼女に、言葉では言い表せない力強さを感じました。

(2)機械的な判断ではない、人間らしい決断力を身に付けた子─授業後のインタビューにて

この子は、×から○へ考えを変えた子です（この授業では2人いました）。思考スピードが速く、春の運動会では応援団長を務めるようなリーダーシップももち合わせています。

私は正直、×を選ぶと思っていました。大舞台を選ぶと。しかし、最終的な決断は○でした。

成長ノートには**「今やるべきことは、売れて生活を安定させることが一番」**という×の意見も書かれていました。授業の後半、○へ考えを変えたときは、**「約束を守れないような人は、たとえ売れたとしても他の人からは信用されない。売れる見込みは少ない」**と書いていました。目先のかっこよさやその瞬間の判断よりも、長期的に考えた判断をしていました。

その子は、春の運動会を終えた後、「もっと、決断力を高めたい」と成長ノートに想いをぶつけていました。最初は、形、表面、役割という「可視」の部分で務めているように感じました。しかし、全校を動かすことの難しさ、即興的に話したり、指示を出したりしなければならない状況を何度も経験し、「決断力が足りない」と感じるようになっていったのです。目的、願い、心というよ

うな「不可視」へ目を向けるようになってきたと言ってもよいでしょう。

その変容が、この「手品師」ではっきり見えました。機械的でクールな判断ではない、彼自身のよさがにじみ出る「○」への変容が素敵だなあと感じました。彼の「○」は、「約束は大切だから」という単純なものではないのです。何を大切にしたいのかという本質を考えている「○」なのです。

彼の道徳に対する誠実な姿は、学級へよい影響を与え続けています。感想では、道徳自体を楽しんでいる様子が伝わってきました。

■白い黒板で見る学級全体の変容

(3)本書136・137ページで紹介している白い黒板は、私の学級で行ったものです。テーマはずばり「道徳で学んだこと」です。直球で勝負しました。どこか他人事のようだった学級が、ここまで言葉を大切にして圧倒的な黒板をつくりあげる。それ自体が変容そのものです。また、**言葉への責任・NO不安・友達の考えも認める・空気に流されない**という黒板に書かれた言葉は、4月から積み重ねてきた変容の証です。45分の中にある、年間を通した変容を一番実感しているのは子どもたち自身なのです。

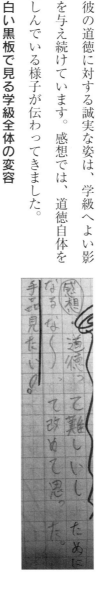

第5章 道徳授業の実際と方向性（教室の事実）

ノンフィクション

〔感動〕ディズニーランドのお子様ランチ

中村啓太（菊池道場栃木支部）

① 単元の概要（あらすじ）

ある夫婦がディズニーランドのレストランで、お子様ランチを一つ注文した。ウエイターの女性は、レストランのきまりとして9歳までの子どもにしか提供できないことを伝えると、夫婦はお子様ランチを注文したわけを話し始めた。その日は亡くなった娘の1歳の誕生日だったのだ。娘と3人でお子様ランチを食べることを夢見ていたが、叶わなかったというのだ。すると、ウエイターの女性は、夫婦を広いテーブル席に誘導し、二人の間に子ども用のいすを置き、お子様ランチを3つ置いた。夫婦は涙を流しながら、お子様ランチを食べた。

ウエイターの女性の葛藤を味わわせながら、夫婦を幸せな気持ちにした美しい行動に触れさせることで、人としての温かさに感動させることができるお話である。

② 学級の実態と、年間を通して身に付けさせたい価値

私の学級は、昨年度5年生の頃、教室内でのトラブルが多くあり、互いに傷付けあったり、逆に無関心であったり、教室に負の空気が立ち込めていたそうです。学校内でも、5年生の評判は悪く、「自分たちはどうせ…、自分たちなんか…」と完全に自信を失っていました。6年生になった4月、クラスの関係性は完全に壊れていました。机をまともにつけることもできませんでした。

この現実に、私は「心を育てる」ということをより強く決意しました。そして、「関係性の中で心を育てる」ということを子どもたちに求めました。友達と力を合わせたこと、友達に優しくされたこと、友達が目の前で頑張っていることなどに触れていく中で、心は育っていくものです。しかし、そのためには、そもそも「美しいものを美しい」「正しい行動を正しい」と思える素直な心が必要です。そんな素直な心を引き出していくためには、たくさんの感動体験が必要なのです。心から「すごい」「かっこいい」「美しい」と思えるような、お話や出来事に触れさせていく中で、子どもたちの心は豊かになり、教室でも感動的なドラマやエピソードが生まれるのです。

そして、子どもたちは「教室にドラマを」という言葉を口にするようになるのです。

③ 単元（題材）について

新聞記事やニュースなど、感動的な出来事やいい話というのは、今の社会では容易に耳にすることができます。そういったノンフィクションのお話を道徳の教材として扱う事例も多くあります。私も、松井秀喜さんの「甲子園での5打席連続敬遠」のお話や、体操日本の「内村選手の個人種目での金メダルと団体種目の金メダル」のお話、GReeeeNの「歩み」という歌詞を使った授業などを行ったことがあります。ノンフィクションのお話を扱うときに注意すべき点は、「子どもたちにとって身近な内容」か「子どもたちがイメージしやすい内容」かということです。

この「ディズニーランドのお子様ランチ」のお話は、子どもたちに大きな感動や衝撃を与えることができると考え、扱いました。また、ディズニーランドは、子どもたちが共通認識をもつことができる資料で、お話の中に入り込むことができると考えました。

また、ウエイターの女性は「思いやりのある人」「親切な人」という単純な印象で終えず、女性の葛藤や迷いなどを考えていくことで、人として何を大事にして生きているのかという、この女性の生き方から学ぶことができる資料だと考えました。

人が困っていたら助けなさいということではなく、人の行動には秘められた気持ちがあり、その気持ちと行動をまるごと捉えて、人として素敵だなという感動を与えることが大切なのです。人の行動には、意味があり、その意味を知った時、心は大きく揺さぶられ、心が育っていくのです。

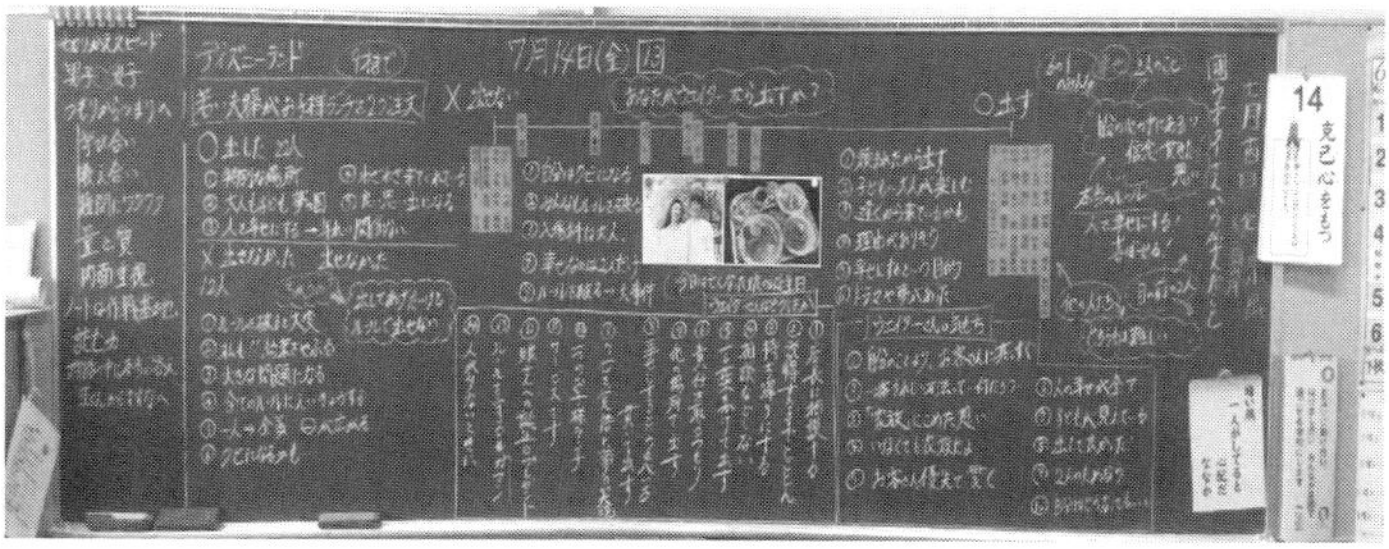

④　授業の概要

発問一　ディズニーランドのレストランで若い夫婦がお子様ランチを注文しました。ウエイターの女性は出したのか。〇か×か

活動１　〇か×かを決める。　活動２　理由を書く。

活動３　理由を発表する。　活動４　互いに反論し合う。

発問二　あなたがウエイターならお子様ランチを出しますか。〇か×か

右の活動１～４を繰り返す

発問三　亡くなった娘さんの１歳の誕生日だということを聞きました。ウエイターの女性はどうしたと思うか

活動１　ウエイターの行動を考える。　活動２　考えを発表する。

活動３　一番よいと考える方法を決める。

発問四　ウエイターの行動を聞き、ウエイターはどんな気持ちをもっていたのか考える

活動１　ウエイターの行動に隠された気持ちを考える。

活動２　考えを発表する

〇授業の感想を書く。　〇感想を発表する。

⑤　授業の詳細

■発問一の場面　子どものつぶやきを大切にする

Ｔ　ウエイターがお子様ランチを出したと思うなら○、出さなかったと思うなら×と書こう。

するとすぐに、男の子がつぶやく

Ｃ　先生、出せなかったんじゃないんですか。

Ｔ　出せなかったと出さなかったは違うの。

Ｃ　出してあげたいけど、ルールがあるから出せなかったんだよ。

この男の子は、ウエイターの女性を「優しい人」だと捉えていました。この授業の肝は、女性の内面的な美しさから生じる行動が感動を生み出すということです。そのため、ウエイターの女性は「優しい人である」という条件設定が、重要になると考え、私は全体に投げかけました。

また、「出さない」と「出せない」は同じ行動です。しかし、その行動の内側にある気持ちには、大きな違いがあります。男の子が、行動という表面的な解釈や思考ではなく、目には見えない気持ちという深層的な解釈や思考をしたことを取り上げることで、授業の前半から、教室の空気が深く考える空気に変わっていったのです。

このやりとりから、出してあげたいけど、出せないという葛藤の中でウエイターがどうしたのかを考える土台に全員が乗っかることができました。

■発問二の場面　真剣勝負だからこそ、立ち止まる

どうしても許せない発言がありました。

C　店長に言わずに、お子様ランチを出します。出した後に、店長に事情を説明します。もし、店長に出すのはダメだと言われたら、「もう出しちゃったので、残念でした～」と言います。

私は、一呼吸おいて、低いトーンで、

T　そんな軽いんですか。

と、その子に聞き返しました。教室が静まり返りました。その子は、はっとした表情で、もう一度意見を述べ始めました。

こういったことは、道徳の授業に限ったことではありません。学びに向かう空気を壊すような発言があったときには、教師は毅然とした態度をとる必要があります。学びに向かう集団を創っていくためには、このような「気づき」を子どもたちに味あわせることも重要なのです。そして、それと同時にもう一つ大切なのが、「フォロー」することです。

T　そうだよね。ウエイターさんは誠実に店長に話をしに行ったんだね。よかったです。A君が言いたかったのはこのことだったんだよね。

私は、彼に聞き返すことで、全体に対して「真剣勝負しなさい」ということを間接的に伝えました。失敗から学ぶということを大切にするのであれば、彼に失敗感を与えないことも重要なのです。

■発問三の場面　一人が美しい

お子様ランチを頼んだ夫婦の背景を知り、改めてウエイターはお子様ランチを出したかを問う。

C　全員が「出す!!」と反応する。

T　そんな簡単なことじゃないね。ウエイターの女性はどうしたと思う。

C　店長に相談して、ダメなら何としても説得したと思う。

C　周りの人に見えないような気配りをして、出したと思う。

教室全体が「出す」ということが大前提な空気が流れだす。

C　ぼくは、店長が出しちゃダメと言ったら、我慢して出しません。

T　ルールを守ることも大切という彼の強い想いと芯の強さをほめる。

教室に大きな拍手が沸き上がる

私が、ここで「出せない」と発言した彼を取り上げた理由が3つありました。

(1)多数派に流されずに、自分の意見をしっかり述べることができたこと。

(2)出すことが正しいという価値観が全てではないことを全体に気付かせたかった。

(3)彼が昨年度いじめられていたと訴えていたこと。

道徳の授業の中で、彼に対する見方や道徳的価値の見方を育てたいと考えたからです。授業は、こういった見方や学び方を教えることも大切なのです。

⑥　評価について

■成長ノートから

○ぼくは、ウエイターさんのことが好きです。２人のために自分はクビになる覚悟で、出すのはすごい器が大きな人だと思いました。ルールの前に、人を幸せにするという本当のルールをもっていることにすごいなと感じました。ぼくも、この女性のようになりたいです。

○ウエイターさんは、心の中の「出してあげたいという」気持ちに従ったのだと思います。ルールは破ってしまったけれど、ルールを破ったのとは違い、逆にとてもすごいことをしたと思います。ルールを破ったからこそ、本当のルールを見つけることができたのだと思います。人をことを大切にすること、女性のしたこと全てから、たくさんのことを学びました。

　ウエイターの女性のとった行動を「すごい」とか「優しい」ではなく、二人はこのように感想を書いていました。成長ノートにある「本当のルール」という言葉には、人を幸せにする気持ちや人を大切にする気持ちが込められていました。この授業の徳目である、「感動」は、美しい行動に触れさせるだけではいけません。行動に秘められた気持ち、そして自分自身も葛藤していく中で、女性の人間としての魅力を心から感じることができたのでしょう。ルールを守ることが大切とか、思いやりが大事という、分かり切ったことを学び直すのではなく、女性の人間的な魅力から、子どもたちはこれからの生き方について前向きに自分を見つめ直すことができました。

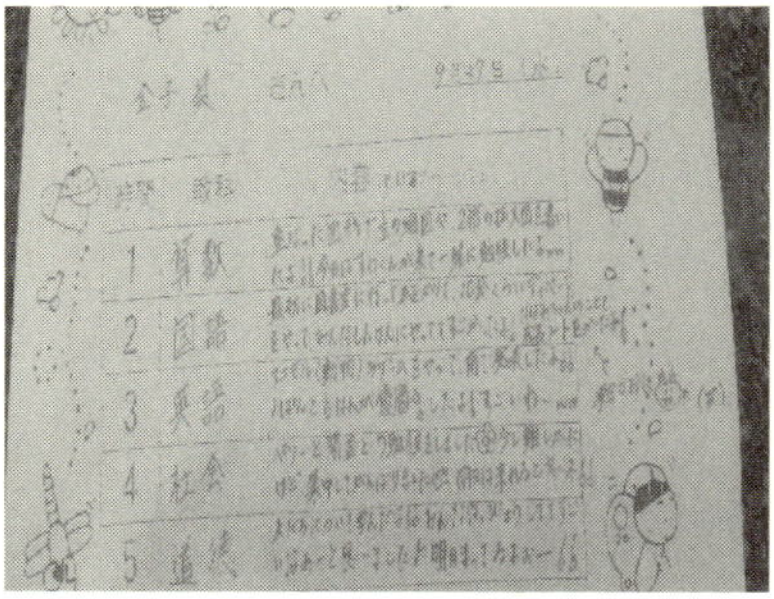

■教室のドラマ「教室で生まれる感動体験」

道徳の授業を通して、美しいものを美しいと感じ、相手に対する本当の意味での相手軸な行動を子どもたちがとるようになってきました。また、美しい行動に、クラス全員が動き出すという、感化が生まれるようになってきました。

ある日、長期欠席の男の子へのお手紙に、その日の授業内容を詳しく、書いている女の子が現れました。彼女は、お手紙のほかに、休んでいる男の子へのほめ言葉カードを蓄えていました。男の子の復帰の日、朝から、彼女は蓄えていたカードをおもむろに、机に貼り始めました。すると、クラス全員が、彼のためにカードを書き、同じように貼り始めました。「教室のドラマ」が生まれた瞬間でした。

男の子が教室に戻ってくる喜びを伝える一番の方法を全員が考え、女の子の行動に乗っかったのです。ここまで、やらなくても伝わる思いを、ここまでやるから伝わる思いに変えた事実に担任として、一人の人間として感動せずにはいられませんでした。

■「道徳」について考える時間

道徳教育は、授業だけではないということは、伝わったと思います。だからこそ、「道徳とは何か」「道徳で大切なこと」という本質に迫る問いを子どもたちと考えることがあります。本気で道徳教育を進める学級であれば、答えのない問いに向き合い続けることができます。

私の学級では、「どんな人間を目指すか」ということについて、2学期の中頃に聞くことがありました。人として大切なことを3つ書かせました。ある女の子が書いた目指す人間像とその理由を最後に紹介します。

ずっとずば抜けていなくても、ずっと成長し続けなくてもみんな同じ人間です。でも、人間には、「やらなくてはダメなこと」と「やった方がいいこと」があります。例えば、挨拶やルールを守ることは人間として当たり前。ボランティアはやった方がいいことです。でも、やるかやらないかでは、大きな違いです。やらないとダメな人間というのではなく、やった人が「人間らしい人間」ということです。私の身近な人間らしい人間は中村先生です。先生を見ていると、大人になるのが楽しみです。社会に通用する人間に近付けるのは、6年1組にいるからです。大人になったら、私が先生に何かを教えてあげたいです。

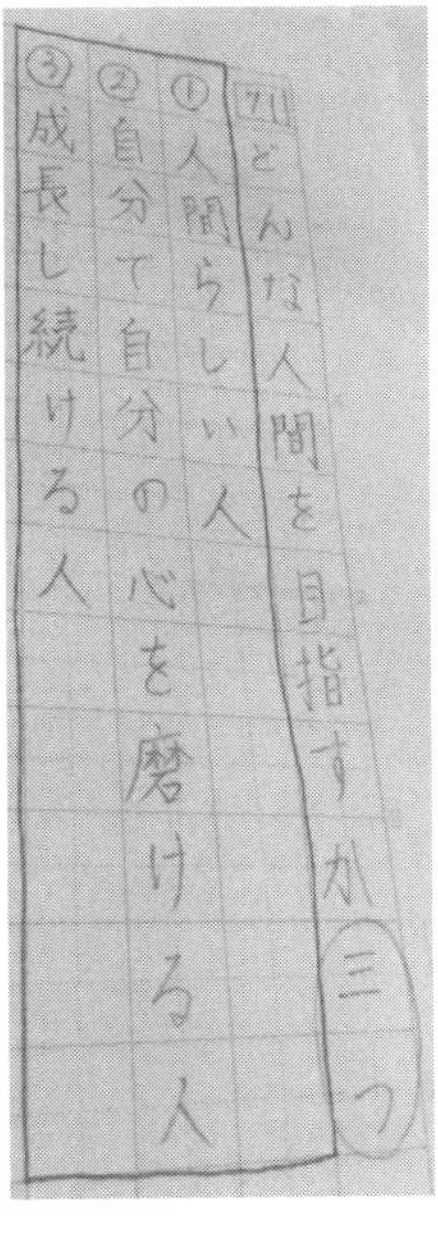

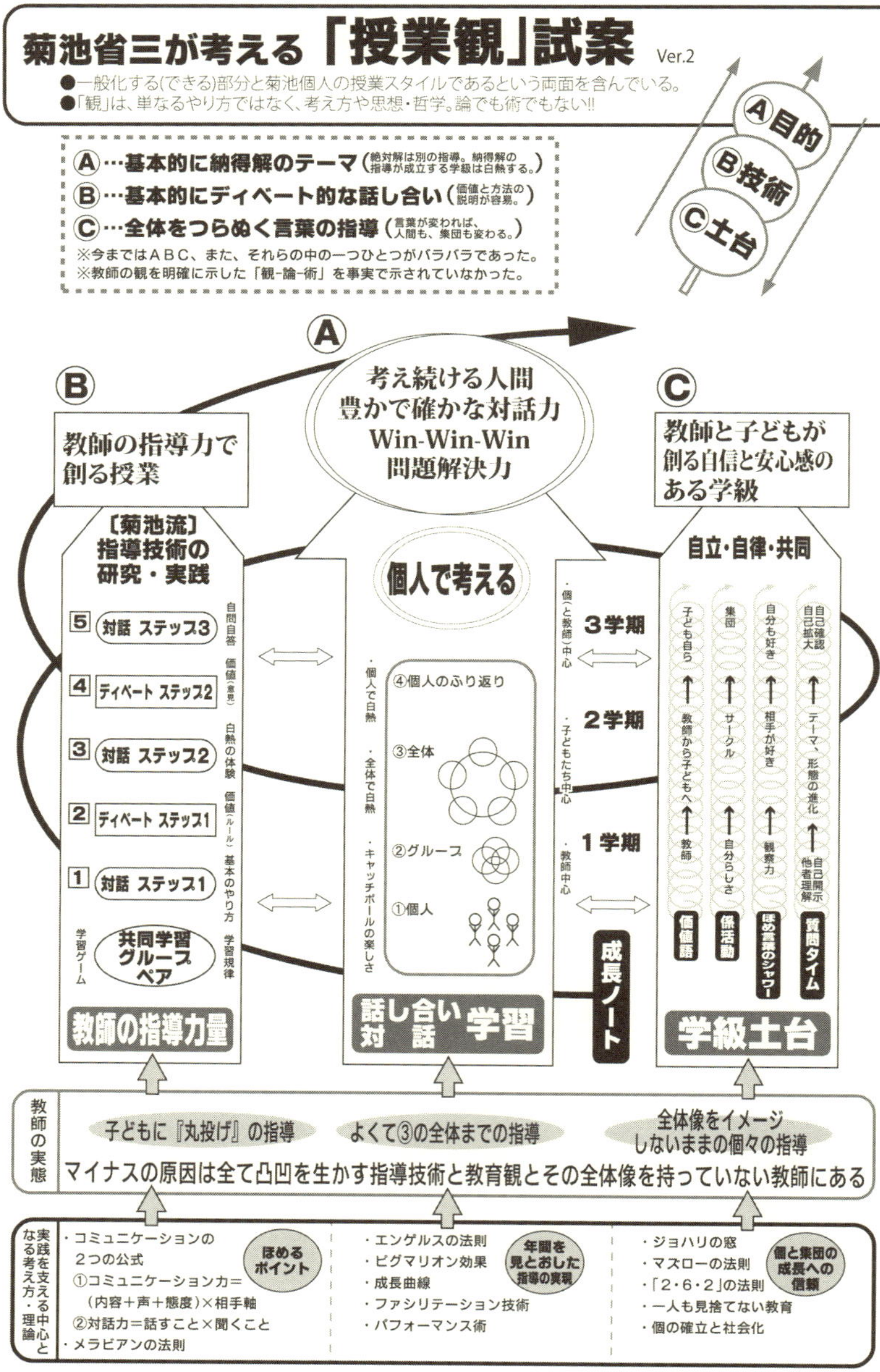
菊池省三が考える「授業観」試案 Ver.2
●一般化する(できる)部分と菊池個人の授業スタイルであるという両面を含んでいる。
●「観」は、単なるやり方ではなく、考え方や思想・哲学。論でも術でもない!!
Ⓐ…基本的に納得解のテーマ（絶対解は別の指導。納得解の指導が成立する学級は白熱する。）

Ⓑ…基本的にディベート的な話し合い（価値と方法の説明が容易。）

Ⓒ…全体をつらぬく言葉の指導（言葉が変われば、人間も、集団も変わる。）
※今まではＡＢＣ、また、それらの中の一つひとつがバラバラであった。
※教師の観を明確に示した「観-論-術」を事実で示されていなかった。
Ⓐ目的
Ⓑ技術
Ⓒ土台
Ⓐ
考え続ける人間
豊かで確かな対話力
Win-Win-Win
問題解決力
Ⓑ
教師の指導力で創る授業
〔菊池流〕指導技術の研究・実践
5 対話 ステップ3
4 ディベート ステップ2
3 対話 ステップ2
2 ディベート ステップ1
1 対話 ステップ1
共同学習 グループ ペア
自問自答 価値（意見） 白熱の体験 価値（ルール） 基本のやり方 学習規律
学習ゲーム
教師の指導力量
個人で考える
・個人で白熱 ・全体で白熱 ・キャッチボールの楽しさ
④個人のふり返り
③全体
②グループ
①個人
話し合い 対話 学習
・個（と教師）中心 ・子どもたち中心 ・教師中心
3学期
2学期
1学期
成長ノート
Ⓒ
教師と子どもが創る自信と安心感のある学級
自立・自律・共同
子ども自ら ← 教師から子どもへ ← 教師
集団 ← サークル ← 自分らしさ
自分も好き ← 相手が好き ← 観察力
自己確認 自己拡大 ← テーマ、形態の進化 ← 自己開示 他者理解
価値語
係活動
ほめ言葉のシャワー
質問タイム
学級土台
教師の実態
子どもに『丸投げ』の指導
よくて③の全体までの指導
全体像をイメージしないままの個々の指導
マイナスの原因は全て凸凹を生かす指導技術と教育観とその全体像を持っていない教師にある
実践を支える中心となる考え方・理論
・コミュニケーションの２つの公式
①コミュニケーション力＝（内容＋声＋態度）×相手軸
②対話力＝話すこと×聞くこと
・メラビアンの法則
ほめるポイント
・エンゲルスの法則
・ピグマリオン効果
・成長曲線
・ファシリテーション技術
・パフォーマンス術
年間を見とおした指導の実現
・ジョハリの窓
・マズローの法則
・「２・６・２」の法則
・一人も見捨てない教育
・個の確立と社会化
個と集団の成長への信頼

菊池省三が考える「授業観」試案② ver.1

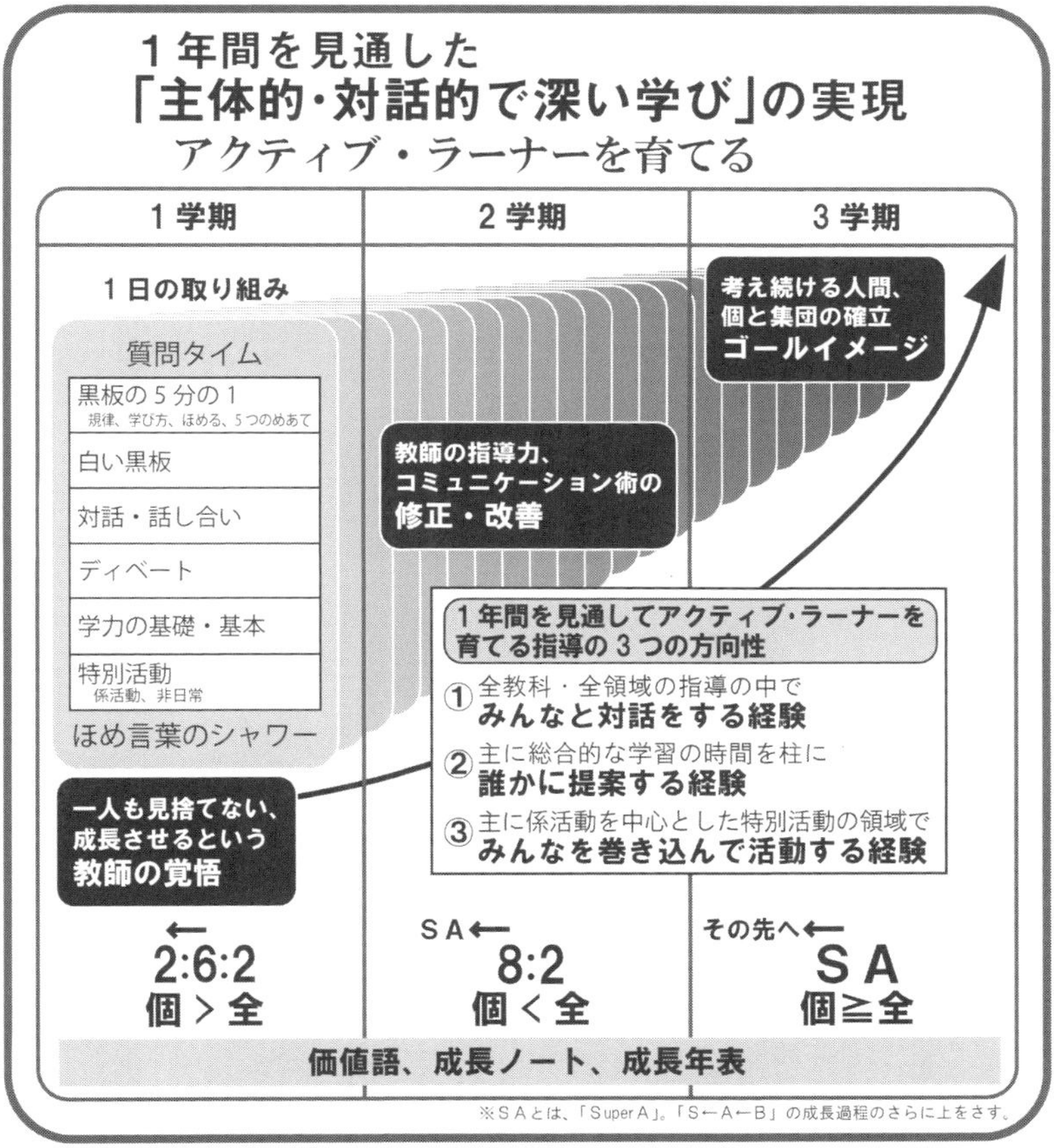
１年間を見通した
「主体的・対話的で深い学び」の実現
アクティブ・ラーナーを育てる
１学期
２学期
３学期
１日の取り組み
質問タイム
黒板の５分の１
規律、学び方、ほめる、５つのめあて
白い黒板
対話・話し合い
ディベート
学力の基礎・基本
特別活動
係活動、非日常
ほめ言葉のシャワー
一人も見捨てない、成長させるという教師の覚悟
教師の指導力、コミュニケーション術の修正・改善
考え続ける人間、個と集団の確立
ゴールイメージ
１年間を見通してアクティブ・ラーナーを育てる指導の３つの方向性
① 全教科・全領域の指導の中で みんなと対話をする経験
② 主に総合的な学習の時間を柱に 誰かに提案する経験
③ 主に係活動を中心とした特別活動の領域で みんなを巻き込んで活動する経験
←
2:6:2
個＞全
ＳＡ←
8:2
個＜全
その先へ←
ＳＡ
個≧全
価値語、成長ノート、成長年表
※ＳＡとは、「Super A」。「Ｓ←Ａ←Ｂ」の成長過程のさらに上をさす。

おわりに

本書の原稿のまとめが佳境に入った２０１７年10月11日、「菊池道場機関誌『白熱する教室』」の対談の企画で、私は、熊本大学に苫野一徳准教授を訪ねました。

苫野先生との対談は、「学校は、何をするところか？」との大きなテーマで、公教育の果たすべき役割を中心に、多岐にわたって行われました。３時間近くに及んだ対談の途中、「道徳の教科化」が話題になりました。

自分自身が道場メンバーと道徳について学んでいた最中でしたので、私たちが考えている道徳の在り方についてお伝えしました。その一部を紹介します。

菊池 私たちの道場の学びの中で、道徳の授業で議論する目的は、「自分だったらこうするよ。この方法を選ぶな」とか、「自分だったらこの条件の中でこれを選ぶな」という行動選択能力、つまり、価値判断の質を吟味し合って高めていくことであり、「考え、議論する道徳」の先にたどり着くものとしてあるという話をしました。選択する能力を高めることに道徳の価値と目的があるということです。（中略）

苫野 行動選択能力を高めていくことですよね。何か一つの方向に導くのではなく、多様な意見を出し合う。ただし、出し合うだけで「みんな違ってみんないい」で終わってしまうのではなくて、私は「第3のアイディア」と言っていますが、もっといいアイディアはないかなと一緒に考え合う、そういうクリエイティブな議論が行われるようになれば、道徳の授業も意味があるものになっていくのではないかと思います。

菊池道場機関誌『白熱する教室11号』より

対談を通して、私は菊池道場の学びの方向性に確信をもちました。

「特別の教科　道徳」が始まることを契機に徳目主義の道徳から脱却し、公社会に役立つ人間を育てる道徳教育を、共に創っていきたいと強く思っています。

本書は、菊池道場の東北・関東の6名のメンバーとの学びで完成しました。何度も原稿を持ち寄っては検討する会議を重ねましたが、私にとっても楽しく有意義な時間であり、改めて道徳教育について整理することができました。本当にありがとうございました。

今回も、中村堂の中村宏隆社長には、企画段階から編集段階までお力添えをいただきました。感謝いたします。

全国の学校・教室で、子どもたちの成長を願う「道徳教育」が展開されていくことを願ってやみません。

２０１７年12月26日　菊池道場　道場長　菊池省三

●著者紹介
菊池省三（きくち・しょうぞう）
1959年愛媛県生まれ。「菊池道場」道場長。元福岡県北九州市公立小学校教諭。山口大学教育学部卒業。文部科学省の「『熟議』に基づく教育政策形成の在り方に関する懇談会」委員。平成28年度　高知県いの町教育特使。大分県中津市教育スーパーアドバイザー。三重県松阪市学級経営マイスター。
著書は「言葉で人間を育てる 菊池道場流『成長の授業』」「人間を育てる　菊池道場流　叱る指導」「個の確立した集団を育てる　ほめ言葉のシャワー　決定版」「1年間を見通した 白熱する教室のつくり方」「価値語100ハンドブック」「人間を育てる　菊池道場流　作文の指導」「『話し合い力』を育てる　コミュニケーションゲーム62」(以上　中村堂)など多数。

【菊池道場】　★50音順
加倉井英紀（菊池道場福島支部）
津田拓也（菊池道場栃木支部）
古舘良純（菊池道場千葉支部）
髙橋朋彦（菊池道場千葉支部）
中村啓太（菊池道場栃木支部）
渡邉結花（菊池道場栃木支部）
※2018年1月1日現在

公社会に役立つ人間を育てる　菊池道場流　道徳教育

2018年2月1日　第1刷発行

著　／菊池省三・菊池道場
発行者／中村宏隆
発行所／株式会社　中村堂
〒104-0043　東京都中央区湊3-11-7
湊92ビル4F
Tel.03-5244-9939　Fax.03-5244-9938
ホームページ　http://www.nakadoh.com

印刷・製本／新日本印刷株式会社

ISBN978-4-907571-44-3